क़ुर्रतुल ऐन हैदर

जन्म : 1927 को अलीगढ़ में। लखनऊ विश्वविद्यालय से अंग्रेजी में एम.ए.। पिता सज्जाद हैदर यत्दरम और माँ नज़र सज्जाद हैदर दोनो ही उर्दू के मशहूर लेखक। कई देशों का भ्रमण। अंग्रेजी पत्रिका 'इंम्प्रिट' और 'इलस्ट्रेटेड वीकली ऑफ इंडिया' में कई वर्षों तक कार्य किया। उर्दू की नई कहानी को शुरू करनेवालों में से एक सुश्री हैदर का पहला कहानी-संग्रह *सितारों से आगे* सन् 1947 में छपी। कहानी-संग्रह *पतझड़ की आवाज* पर वर्ष 1967 का साहित्य अकादमी पुरस्कार। इसके अतिरिक्त अनुवाद के लिए सोवियत लैंड नेहरू पुरस्कार (1969), पदमश्री (1984), गालिब मोदी अवार्ड (1984), इकवाल सम्मान (1987), ज्ञानपीठ पुरस्कार (1991) आदि से सम्मानित। 1994 में साहित्य अकादमी का 'फेलो' बनाया गया।

प्रकाशित कृतियाँ : मेरे भी सनमखाने (1949), सफीन-ए गम-ए-दिल (1953), आग का दरिया (1959), कार-ए-जहाँ दराज़ (1979), निशांत के सहयात्री (1979-'आखिर-ए-शव' के हमसफ़र' का रूपांतर), गर्दिश-ए-रंग-ए-चमन (1987), चाँदनी बेगम (1990) (सभी उपन्यास); सितारों से आगे (1947), शीशे के घर (1953), पतझड़ की आवाज़ (1966), रौशनी की रफ़्तार (1981), यह दाग़-दाग़ उजाता (1991), (कहानी-संग्रह); कोहे दमावन (ईरान), गुलगस्त (सोवियत संघ), सितंबर का चाँद (जापान और दक्षिण-पूर्व एशिया), जहान-ए दीगर (अमरीका) (रिपोर्ताज)।

निधन : 21 अगस्त, 2007।

अगले जनम मोहे बिटिया न कीजो

क़ुर्रतुल ऐन हैदर

राजकमल पेपरबैक्स

राजकमल पेपरबैक्स में
पहला संस्करण : 1995
आठवाँ संस्करण : 2026

राजकमल पेपरबैक्स : उत्कृष्ट साहित्य के जनसुलभ संस्करण

राजकमल प्रकाशन प्रा. लि.
1-बी, नेताजी सुभाष मार्ग, दरियागंज
नई दिल्ली-110 002
द्वारा प्रकाशित

शाखाएँ : अशोक राजपथ, साइंस कॉलेज के सामने, पटना-800 006
पहली मंज़िल, दरबारी बिल्डिंग, महात्मा गांधी मार्ग, इलाहाबाद-211 001
36 ए, शेक्सपियर सरणी, कोलकाता-700 017

वेबसाइट : www.rajkamalprakashan.com
ई-मेल : info@rajkamalprakashan.com

बी.के. ऑफसेट
नवीन शाहदरा, दिल्ली-110 032
द्वारा मुद्रित

मूल्य : ₹199

AGLE JANAM MOHE BITIYA NA KIJO
Novel by Qurratul Ain Haider

ISBN : 978-81-267-0713-3

अनुक्रम

अगले जनम मोहे
बिटिया न कीजो

लिप्यंतरण :

सुरूर अहमद

लगाके काजल चले गोसाईं–भूरे क़व्वाल की फ़लकशिगाफ़[1] तान से चिराग़ की लौ भी थर्रा गई। अरे लगाके काजल चले गोसैयाँ–भूरे ख़ाँ के दस-साला साहबज़ादे शद्दू अपनी बारीक आवाज़ में नग़मासरा हुए[2]। अहे लगाके काजल चले गोसैयाँ – चारों फ़ाक़ाज़दा साथी तालियाँ बजा-बजाकर दोहराने लगे। भूरे ख़ाँ हारमोनियम पर सर निहुड़ाए तेज़-तेज़ उँगलियाँ चलाया किए। फिर सर उठाकर रौशन आसमान को देखा जिस पर बारहवीं शब का चाँद जगमगा रहा था। आसमान सेहरा-ए-शाम[3] का वह स्याहपोश राहिब[4] है जो अपनी ख़ानक़ाह की मेहराब में क़ंदील जलाए रखता है लेकिन मुसाफ़िरों को रास्ता नहीं मिलता।

चले गोसाईं ... चले ... शबे-मेराज[5] का बयान और भूरे ख़ाँ का लासानी[6] फ़न। हंडेशाह का बारौनक़ उर्स। सामईन[7] थे कि मबहूत[8] बैठे थे। एक आदमी क़व्वाल पार्टी के सामने धरी तेल की डिबिया की लौ उकसाने में मुनहमक[9] हो गया क्योंकि दरगाह में टँगा हुआ गैस का हंडा अब मद्धम पड़ चुका था। इसी ज़ंगआलूद[10] पेट्रोमेक्स की वजह से वह बुज़ुर्ग हंडेशाह कहलाते थे। वह अपने मोतक़िदीन[11] के मानिंद एक मिस्कीन,[12] ग़ैर-मारूफ़[13] बुज़ुर्ग थे। जाने थे भी कि नहीं। यह सब जो हो रहा है, था या नहीं। या उसकी अस्ल और बुनियाद क्या है। हंडेशाह ग़ैर-मौजूद हैं तो मौजूद क्या है और जो कुछ है बस यही है तो ग़ैर-मौजूद क्या है। और जो है उसका जवाज़[14] भी कोई बतलाए। मज़ीद-बर-आँ[15] फ़नकारों,[16] अदीबों[17] की तरह औलिया भी इस लिहाज़ से बाज़े[18] ख़ुशनसीब होते हैं कि उनको दुनिया जानती है। बाज़ों को

---

1. आकाशभेदी; 2. गीत गाने लगे; 3. शाम रूपी रेगिस्तान; 4. काला वस्त्र पहननेवाला, पहुँचा हुआ फ़कीर; 5. वह रात जब इस्लामी परंपरा के अनुसार हज़रत मुहम्मद साहब चाँद पर गए थे; 6. अद्वितीय; 7. श्रोतागण; 8. स्तब्ध; 9. तल्लीन; 10. मुर्चाया हुआ; 11. श्रद्धालुगण; 12. दीन-हीन; 13. गुमनाम; 14. औचित्य; 15. इसके अलावा 16. कलाकारों; 17. साहित्यकारों; 18. कुछेक।

चंद अल्लाह के बंदे ही चिराग़ जलाने के लिए मयस्सर आते हैं। बाज़ों को वह भी नहीं।

पीर हंडेशाह के ग़रीबा मऊ उर्स में आनेवाले तेली, जुलाहे, कुँजड़े, कसाई, भड़भूजे, काश्तकार, खेतमज़दूर झोपड़ों में ज़िंदगियाँ गुज़ारकर कच्ची कब्रों में दफ़न हुए। खुदा के मकबूल[1] बंदे यही हैं। जैसे वह बूढ़ी शरीफ़न ''' बेवा, लावारिस, मुफ़लिस, अनपढ़ जो दरगाह के पीछे चबूतरे पर नमाज़े-इशा पढ़ रही है—बिस्मिल्लाहिर्रहमानिर्रहीम। अल्लाहु-अकबर ''' पढ़ती हूँ कलमा अल्लाह मुहम्मद का ''' ला इलाहा इल्लिल्लाह मुहम्मद रसूल-अल्लाह ''' बिस्मिल्लाहिर्रहमानिर्रहीम ''' ला इलाहा इल्लिल्लाह मुहम्मद ''' रसूल-अल्लाह ''' अल्लाहु-अकबर ''' अल्लाहु-अकबर ''' कयाम ''' रूकूअ ''' कोमा ''' सजदा ''' काद रूकूअ ''' कोमा ''' सजदा ''' काद ''' इस औरत ने जिसे नमाज पढ़ना नहीं आती, सारी उम्र जब भी कमरतोड़ मेहनत-मज़दूरी से मुहलत पाई, अपने रब को इसी तरह याद किया। उसकी इकलौती, जवान मासूम, मज़लूम[2] लड़की को ससुरालवालों ने गँड़ासे से मारकर हलाक कर दिया था और पुलिस को खिला-पिलाकर मज़े से दनदनाते हैं। शरीफ़न घर-घर जाकर चक्की पीसती है और चार आने रोज़ कमाती है। सबसे पहले जन्नत में वही जाएगी।

और यह गुमनाम बेबज़ाअत[3] देहाती कव्वाल और ये उनके सामईन। ग़ैर-अहम, हकीर,[4] उसरतज़दा[5]। साबिरो-शाकिर[6]। और उर्स के मेले के ये दुकानदार। चुग्गी दाढ़ियोंवाले तहमदपोश, मैले दुपट्टों, चाँदी की बालियों और पैबंद लगे घुटनोंवाली जवान और बूढ़ी औरतें जो अपने सामने टाट बिछाए बैठी हैं और उन पर थोड़ी-सी खजूरें, मूँगफली की ज़रा-ज़रा-सी ढेरियाँ, रेवड़ी, बताशे, अंदर्से, गुड़ की भेलियाँ धरी हैं और एक-एक टीन की डिबिया टिमटिमा रही है। यकीन जानो और इमान ले आओ कि अहले-बहिश्त[7] यही लोग हैं।

एक सफ़ेदरीश[8] बड़े मियाँ "हर माल मिलेगा चार आने" की सदा[9] लगा रहे हैं। उनकी दुकान फीतों में टँके बुंदे, क्लिप, हारों और नकली घड़ियों पर

---

1. प्रिय; 2. सताई हुई; 3. सामर्थ्यहीन; 4. तुच्छ; 5. कंगाल; 6. संतोषी और कृतज्ञ; 7. स्वर्ग के अधिकारी; 8. सफ़ेद दाढ़ीवाले; 9. आवाज़।

मुश्तमिल[1] है। मेलेवालियाँ हैं कि इस डिपार्टमेंट स्टोर पर टूटी पड़ रही हैं।

"यह किलिप क्या भाव दिया"—एक नौउम्र लड़की जार्जेट का पुराना हरा दुपट्टा सर से लपेटकर उकड़ूँ बैठ जाती है।

"हर माल मिलेगा चार आने बिटिया।"

लड़की दुपट्टे के कोने की गिरह खोलकर चवन्नी निकालती है। फिर एक हार को ललचाई नज़रों से देखती है। अंटी में फ़क़त चार आने बाक़ी हैं। अभी जमीलुन के लिए भी कुछ ख़रीदना है।

"अच्छा, एक किलिप और दे दो ⋯ वह लालवाला। हमारी छोटी बहन के लिए ⋯ " लड़की ने ज़र्द 'केले' कीं क़मीज़ और नीले साटन की शलवार पहन रखी थी। कलाइयों में हरी 'रेशमी' चूड़ियाँ।

"रश्के-क़मर ⋯ ओ रश्के-क़मर ⋯" भीड़ में से आवाज़ आती है।

"जा नू तुम्हारी महतारी गुहरावत हैं," एक औरत टहोका देकर उससे कहती है। वह दरगाह की तरफ़ भागती है जहाँ भूरे ख़ाँ का प्रोग्राम ख़त्म हो चुका है। अब "इमरती-जलेबी" और काँडे भाँड का नंबर है।

लड़की दौड़ती हुई चबूतरे की ओर आती है जहाँ एक यकचश्म[2] मसख़रा फुँदने की तुर्की टोपी और सुर्ख़ वास्केट और स्लीपिंग सूट का नीला धारीदार पायजामा पहने एक मुख़्तसर-सा हारमोनियम सँभाल चुका था। एक मदक़ूक़[3] औरत धुस्सड़ शाल में लिपटी ढोलक अपने आगे सरकाती है। एक कमसिन बच्ची क़रीब बैठी मजमे को ग़ौर से देख रही है। मदक़ूक़ औरत उसे एक थप्पड़ रसीद करती है। "अरी बदज़ात, इधर क्या बैठी है थुआ की थुआ। सामने आकर बैठ।"

"ख़ाला, हमें उठाओ तो," बच्ची नरमी से कहती है।

"सात फ़ाक़ों पर भी वज़न है कि बढ़ता चला जा रहा है मरने जोगी[4] का ⋯" मदक़ूक़ औरत बड़बड़ाती है। इतनी देर में नीली शलवार, हरे दुपट्टेवाली लड़की चबूतरे पर पहुँच जाती है।

"बजिया ⋯" बच्ची उसकी तरफ़ बाहें फैलाती है। बड़ी लड़की उसे गोद में उठाकर हारमोनियम के सामने बैठाल देती है। बच्ची अपनी खुश्क टहनी

---

1. आधारित; 2. काना; 3. तपेदिक की शिकार; 4. योग्य।

ऐसी टाँग को एहतियात[1] से अपने मुन्ने-से ग़रारे में छिपाने की कोशिश करती है। अब यकचश्म मसख़रा सर तिरछा करके हारमोनियम पर तेज़-तेज़ उँगलियाँ चलाता है। बड़ी लड़की कान पर हाथ रखकर तान लगाती है।

"चलो, चलो, इमरती-जलेबी गावत हैं।" मजमे में भिनभिनाहट।

बड़ी लड़की ने गाना शुरू कर दिया है। सफ़र है दुश्वार ... सफ़र है दुश्वार ... ख़्वाब कब तक ... बहुत बड़ी मंज़िले-अदम[2] है।"

लँगड़ी बच्ची मिसरा-सानी[3] उठाती है। "नसीम जागो ... नसीम जागो ... कमर को बाँधो, उठाओ बिस्तर की रात कम है ..." सामईन सर हिला-हिलाकर झूम रहे हैं।

"जवानी-ओ-हुस्न, जाहो-दौलत, ये चंद अनफ़ास[4] के हैं झगड़े ..." अपाहिज बच्ची बड़ी मेहनत से बड़ी बहन का साथ देती है।

"अजल[5] है इस्तादा[6] दस्तबस्ता[7], नवेदे-रुख़सत[8] हर एक दम है ... बसाने-दस्ते-सवाले साइल[9] तही[10] हूँ हर एक मुद्दुआ से ... " बड़ी लड़की शीन-क़ाफ़ से दुरुस्त, निहायत सलीक़े से गा रही है।

" ... नियाज़ है बेनियाज़ियों से, बग़ल में दिल सूरते-सनम[11] है।"

"हक़अल्लाह ..." एक काला भुजंग मलंग नारा लगाकर फ़र्श पर लोटने लगता है। "अल्लाहू-अल्लाह ... अल्लाहू-अल्लाह ..."

"मआले-कारे-जहाने-फ़ानी[12] कभी नहीं एक क़ायदे पे ... जो चार दिन है वफ़ूरे-राहत[13] तो बाद उसके ग़मो-अलम[14] है ..."

गाँव के चौधरी हामिद अली के चचाज़ाद भाई जो मुक़द्दमेबाज़ी में लुट-पुट चुके हैं, ज़ोर-ज़ोर से फ़र्श पर हाथ मारते और रोते हैं और चिल्ला-चिल्लाके दुहराते हैं–"जो चार दिन हैं ... जो चार दिन हैं ... वाह रे अल्लाह ... वाह ... वाह रे मौला, वाह ... देख ली तेरी क़ुदरत ... देख ली ...।"

"ज़बान रोको, बहक रहे हो, सुरूरे-दोशीना[15] जोश पर है ..." बड़ी लड़की उनको मुख़ातिब करके गाती है ... अब चंद लोगों को हाल आ रहा

---

1. सावधानी; 2. परलोक; 3. दूसरी पंक्ति; 4. साँसों; 5. मृत्यु; 6. खड़ी हुई; 7. हाथ जोड़े; 8. विदाई का निमंत्रण; 9. भिखारी के उठे हुए हाथ की तरह; 10. खाली; 11. प्रियतम की तरह; 12. नश्वर जगत के व्यापार का परिणाम; 13. सुख की अधिकता; 14. दुख; 15. पिछली रात का नशा।

है ··· जोश-ख़रोश बढ़ता जाता है ··· माज़ूर[1] बच्ची को यकचश्म मसख़रे ने अपने काँधे पर बिठा लिया है। वह अपने मुन्ने-मुन्ने हाथों से ताल देकर बहन की हमनवाई[2] में मसरूफ़ है ··· "ज़बान रोको, बहक रहे हो ··· सुरूरे-दोशीना जोश पर है ···"

ये मिसरा बजुज़-मुसीबत[3] पसंद हमको कमाल[4] आया ··· नसीम जागो ··· कमर को बाँधो ··· उठाओ बिस्तर ··· कि रात कम है ···"

गुरबतज़दा[5] सामईन इकन्नियाँ-दुअन्नियाँ मदकूक़ औरत की तरफ़ फेंकते हैं जो वह अपना दुपट्टा फैलाकर उसमें समेटती जा रही है।

"खिसके डबल ··· खिसके डबल ··· खिसके डबल ···" बड़ी लड़की रश्के-क़मर उर्फ़ क़मरून उर्फ इमरती ठुमकी लगाती गाँव के सफ़ेदपोशों की तरफ़ जाती है जो उसे चवन्नी-अठन्नी देते हैं। सब मिलाकर साढ़े नौ रुपये बने। रश्के-क़मर मायूसी से पैसों पर नज़र डालकर उनको दुपट्टे की गिरह में बाँध लेती है।

मज़मा छटने लगता है। क़मरून का कुनबा[6] अपना साज़ो-सामान समेटकर चबूतरे से उतरता है। वो दरगाह के अहाते से निकलकर नानबाई[7] की दुकान की तरफ़ जाते हैं जहाँ उनका ज़ादे-राह[8] एक कोने में रखा है। नानबाई भी अपनी दुकान बढ़ाने में मशगूल है। क़मरून टीन का छोटा-सा बक्सा खोलकर बड़ी एहतियात से अपने दोनों क्लिप उसमें रखती है। उसकी आँखों से टप-टप आँसू गिर रहे हैं।

"टसुए क्यों बहाती है कमनसीब," मदकूक़ औरत बुर्क़ा सर पर डालते हुए उसे झिड़कती है। "जमीलुन को उठा।"

"खाना तो खा लो", नानबाई अलमोनियम के कटोरे में थोड़ा-थोड़ा शोरबा और चार नान[9] उनको देता है। वह ज़मीन पर उकडूँ बैठके सर जोड़कर रात का खाना खाते हैं ··· नानबाई उनसे पैसे नहीं लेता। अब यकचश्म भाँड रेलवे कुली की फुर्ती से ट्रंक और दरी में लिपटा बिस्तर अपने सर पर धरता है। हारमोनियम कमर से लटकाता है। औरत ढोलकी सँभालती

1. अपंग; 2. आवाज़ में आवाज़ मिलाना; 3. मुसीबत को छोड़कर; 4. बहुत अधिक; 5. दरिद्र; 6. परिवार; 7. रोटी बेचनेवाला; 8. सफ़र का सामान; 9. रोटियाँ।

है। क़मरून गोद में जमीलुन को उठा लेती है। तीनों सर झुकाए इक्कों के अड्डे की ओर चल पड़ते हैं। मेले के बाज़ार में से गुज़रते हुए नन्ही जमीलुन सर मोड़-मोड़कर ललचाई नज़रों से चूड़ियों की दुकान को देखती है। काँडा भाँड चलते-चलते एक लंबा साँस लेकर दरगाह को मुख़ातिब[1] करता है, "वाह पीर हंडेशाह ··· बड़ी आस-मुराद लेकर आपके दरबार में आए थे ··· मिला क्या ··· नौ रुपये सवा छः आने ···"

2

फ़ुरक़ान मंज़िल के ज़नानख़ाने में डिप्टी साहब आरामकुर्सी पर बैठे, आगे को झुके, एक अबरू[2] उठाकर सर पर ख़िज़ाब लगा रहे थे। डिप्टियाइन आईना लिए सामने खड़ी थीं। डिप्टीसाहब गुनगुनाते जा रहे थे और महवे-आराइशे-जमाल[3] थे। दफ़अतन[4] उन्होंने कहा, "बीबी, हम रश्के-क़मर से मुताअ[5] कर लें ?" डिप्टियाइन ने आईना स्टूल पर रखा और वस्ली की बैठी एड़ियोंवाली जूतियाँ घसीटती चुपचाप अपने कमरे की तरफ़ चली गईं। अंदर जाकर मसहरी पर बैठ गईं। कुछ देर बाद दालान में झाँका। शौहर ऐनक का केस और सरफ़राज़ अख़बार सँभाले, सर झुकाए मरदाने की सिम्त[6] जा रहे थे।

डिप्टियाइन ने चबूतरे पर निकलकर आवाज़ दी, "छेदू की बीबी, ज़रा क़मरून की ख़ाला को तो भेजना।"

छेदू की बीबी चबूतरे के नीचे से बाहर आईं और ड्योढ़ी की तरफ़ चलीं।

यह फ़ुरक़ान मंज़िल डिप्टीसाहब के परदादा ने बनवाई थी जो सुना है, कंधार के गवर्नर थे। डिप्टीसाहब के मुख़ालिफ़ीन[7] का क़ौल था कि वाजिद अली शाह के अस्तबल में साईस थे। अब वल्लाह इल्म[8] डिप्टियाइन पेट भर

---

1. संबोधित; 2. भौं; 3. सजने-धजने में व्यस्त; 4. एकाएक; 5. सीमित अवधि का निकाह; 6. तरफ़; 7. विरोधीगण; 8. अल्लाह जाने।

के कंजूस थीं। चबूतरे के नीचे का तहख़ाना दो-दो रुपये महीने किराये पर उठा रखा था। किरायेदार औरतें फ़ुरक़ान मंज़िल में मुफ़्त कामकाज करतीं। उनके लड़के-बाले सौदा-सुलफ़ लाते। मर्द फ़ाजिर[1] के वक़्त बाहर निकल जाते, ठेले चलाते, पतंगें बनाते या यूँ ही अवाई-तवाई फिरते। फाटक के बाहर भी चार कोठरियाँ किराये पर चढ़ी हुई थीं। उनमें से एक में रश्के-क़मर का कुनबा रहता था। काँडे ख़ालू, सिड़न ख़ाला, लँगड़ी बहन। हमाख़ाना आफ़ताब[2] ... अल्लाह तौबा ... अल्लाह तौबा !

छेदू की बीबी ड्योढ़ी से निकलकर गली में पहुँचीं। कोठरी के बाहर ख़ालू किस्बत[3] खोले बैठे थे। एक गाहक उनसे अपना सर घुटवा रहा था। अंदर धुआँधार कोठरियों में क़मरून की ख़ाला हुरमुज़ी बेगम चूल्हा धौंक रही थीं। नौजवान जमीलुन एक झिंलगे पर पड़ी छत की स्याह कड़ियाँ गिन रही थी। एक खूँटी पर ढोलकी टँगी थी। छेदू की बीबी ने टाट का पर्दा उठाकर हाँक लगाई, "ए क़मरून की ख़ाला ! तुमको डिप्टियाइन याद फ़रमाती हैं।"

"आ गया मलकुन-मौत[4] का बुलावा," हुरमुज़ी बेगम ने फुँकनी पटख़कर कहा। चंद मिनट बाद बकती-झकती बड़बड़ाती अंदर पहुँचीं। डिप्टियाइन चबूतरे पर उनकी मुंतज़िर[5] थीं। जाकर मुतार-सी[6] खड़ी हो गईं।

"आओ बैठो," डिप्टियाइन ने फ़र्श की तरफ़ इशारा किया। वह बैठ गईं।

"क़मरून की ख़ाला, हमने तुमको गिरहस्तन समझकर किरायेदार रखा।"

"तो क्या हम गिरहस्तन नही हैं ?" ख़ाला ने चमककर कहा।

"तुम्हारी लँगड़ी भांजी पर रहम खाया।"

"शुक्रिया, इनायत।"

बहुत ही बद औरत थी।

"तुमने हमसे कहा तुम्हारा खाविंद हज्जाम है।"

"तो क्या गिरासकट है ?"

"हमसे लोगों ने आ-आकर कहा, आपने किन उल्फ़तों को घर में घुसा लिया। गली-गली गाते-बजाते, माँगते-खाते फिरते हैं।"

---

1. भोर; 2. पूरा घर सूरज ही सूरज; 3. हज्जाम की पेटी; 4. यमराज; 5. प्रतीक्षारत; 6. लट्टू की तरह।

"आपसे तो माँगकर नहीं खाते।"

डिप्टियाइन तिलमिलाकर रह गईं। मगर ख़ाला सिड़िन मशहूर थीं। अंदाज़े-गुफ़्तगू[1] ही यही था।

"ज़बान सँभालकर बात करो। इतने जूते लगाऊँगी कि होश ठिकाने आ जाएँगे ··· ठीक कहते हैं कहनेवाले कि हुसैनाबाद की ख़ानगियों[2] का टब्बर है। हमने यक़ीन न किया। हुजूर[3] की हदीस-शरीफ़ में आया है कि जब तक खुद न देखो, किसी पर शक न करो। लेकिन अब हमने खुद रश्के-क़मर को बुर्क़ा ओढ़कर रात-बिरात बाहर जाते देखा है। अब तुम यहाँ रहने जोगी नहीं क़मरून की ख़ाला ··· "

अम्माँ और क़मरून की ख़ाला के झगड़े की आवाज़ सुनकर फ़रहाद मियाँ ऊपर से उतरे। आज यूनिवर्सिटी नहीं गए थे, देर से सोकर उठे थे। ज़ीना तय करके आँखें मलते चबूतरे पर आए। जमाई लेकर दरियाफ़्त किया, "अम्मीजान ! क्या फिर रश्के-क़मर का कोई मुक़द्दमा पेश है ?"

"अरे हमने कितनी भलाई की इन बेघरों, नाशुक्रों के साथ। रश्के-क़मर को स्कूल में डाला, तमीज़-सलीक़ा सिखलाया ···," डिप्टियाइन ने फ़रियाद की।

"अम्मीजान ! आप अब ख़ामोश रहिए। हम आज सारा तिया-पाँचा किए देते हैं। क़मरून की ख़ाला ! आप तशरीफ़ ले जाइए अपनी महलसरा ···"

"अरे ताने न दो भैया ··· खुदा के ग़ज़ब से डरो," ख़ाला ने कमर पर हाथ रखकर फ़र्श से उठते हुए कहा और चबूतरे से उतरकर बाहर सटक लीं।

फ़ुरक़ान मंज़िल के शाहपुर आग़ा सफ़दर हुसैन ख़ान कंधारी मुतअल्लिम[4] एम.ए.(फ़ारसी) के कान में अपने क़िब्ला-ओ-क़ाबा की रश्के-क़मर में अफ़लातूनी दिलचस्पी की भनक पड़ चुकी थी। गुस्से और शर्म से भिन्नाए हुए चबूतरे की सीढ़ियाँ उतरे। रश्के-क़मर उर्फ़ क़मरून सेहन के एक गोशे[5] में हैंडपंप के थड़े पर उकड़ूँ बैठी मुँह धो रही थी। रेशमी मलमल का पिस्तई दुपट्टा नज़दीक गुले-मख़मल के पौधों पर सूख रहा था। थड़े की मुँडेर पर गेसूदराज़ हेयर

---

1. बात करने का ढंग; 2. किसी की रखैल बननेवाली वेश्याओं; 3. पैगम्बर मुहम्मद साहब; 4. छात्र; 5. कोने।

आयल की बोतल और साबुनदानी में लक्स सोप रखा था। यह ठाट-बाट कहाँ से होते हैं! रश्के-क़मर ने मुँह पर छपका मारकर सर उठाया; उसकी सूरत देखते ही फ़रहाद मियाँ का सारा गुस्सा हवा हो गया।

"रश्के-क़मर ··· मुँह-हाथ धो लो तो ज़रा हमारे कमरे में आना।"

"डिप्टियाइन वह सामने ही बैठी हैं" रश्के-क़मर ने हँसकर जवाब दिया।

फ़रहादसाहब झेंपकर गुलाबी हो गए। वाक़ई ख़ानगियों की औलाद है। बेहया! आवारा! उन्होंने निहायत संजीदगी से कहा, "रश्के, हम तुम्हारी भलाई चाहते हैं। यहाँ रोज़ तुम्हारी वजह से कोई न कोई शिगूफ़ा खिल रहा है। ऊपर आओ। बैठकर सोचेंगे, तुम्हारे लिए क्या बंदोबस्त किया जाए।"

"बहुत अच्छा मियाँ! अभी आते हैं। आप जाइए," लड़की ने भी उसी मतानत[1] से जवाब दिया।

थोड़ी देर बाद वह लुक-छिपकर मरदाने ज़ीने से होती, दूसरी मंज़िल पर आग़ा फ़रहाद की अमलदारी में पहुँच गई। वह एक दरवाज़े के पास कुर्सी पर बैठे दीवाने-फ़ानी[2] की वरक़गरदानी कर रहे थे।[3] दरवाज़ा जिसके निचले हिस्से पर सलाख़ें लगी थीं, गली पर खुलता था। बड़ी सुहानी हवा आ रही थी।

"जी, फ़रमाइए," रश्के-क़मर ने कमरे में आकर बेबाकी से कहा।

"क़मरून !" फ़रहादसाहब ने किताब कश्मीरी तिपाई पर रखकर बात शुरू की। "हम दो साल से तुम्हें देख रहे हैं। तुम्हें यहाँ आए हुए दो साल हो गए ना ? पहले कोई शिकायत तुम्हारे ख़िलाफ़ सुनने में नहीं आई। जब तक स्कूल जाती रहीं, कश्मीरी मुहल्ले में अमन क़ायम था। भला तुमने स्कूल क्यों छोड़ दिया ?"

"वहाँ के ऊपर चंद साहबज़ादियों ने एतराज़ किया था। हमने कहा, जाओ जहन्नुम में। हम कौन-सा तुम्हारे साथ बैठकर पढ़ना चाहते हैं।"

"रश्के-क़मर, बैठ जाओ।"

वह क़ालीन पर बैठने लगी।

"नहीं-नहीं, यहाँ।"

---

1. विनम्रता; 2. 'फ़ानी' बदायूनी का काव्यसंग्रह; 3. पन्ने पलट रहे थे।

वह सोफ़े पर बैठ गई।

"आज हमें पूरा क़िस्सा बता दो। यह तुम लोगों ने क्या मिस्ट्री बना रखी है !"

"मिस्ट्री क्या ··· ?"

"राज़ ··· "

"हमारे क्या राज़ होंगे साहब, राज़ तो बड़े आदमियों के होते हैं। हम बहुत छोटे, कमीन लोग हैं।"

"लाहौल-विला-कुवत। लेकिन अम्मीजान से मुहल्लेवालियाँ तरह-तरह की बातें जड़ रही हैं।"

"सब सच कहती हैं।"

"हैं ?"

"जी हाँ। हममें यही तो ख़ूबी है कि हम झूठ नहीं बोलते।"

"तुम लोग जब यहाँ आए तो कहा था कि गाँव में कारोबार मंदा था, इसलिए शहर वापस आ गए।"

"वह भी सच कहा था। हम लोग गाँव-गाँव घूमते थे। ख़ाला ने कहा, जूतियाँ चटख़ाते-चटख़ाते थक गए। अब शहर वापस चलो। यहाँ किसी ने बतलाया, आपके शागिर्दपेशे[1] में किराये के लिए कोठरी ख़ाली है। यहाँ आ गए। गाना-बजाना अलबत्ता छोड़ दिया; यहाँ उसकी गुंजाइश नहीं। घर-घर रेडियो बज रहा है। ख़ालू अपना पुराना काम करने लगे नाई का। सारे मुहल्ले की हजामत बनाते हैं। इसमें कौन लंबे-चौड़े राज़ की बात है।"

"अब तुम्हारा क्या इरादा है रश्के-क़मर ··· शादी नहीं करोगी ?"

"शादी ··· ?"

"क्यों ··· तुमको ताज्जुब क्यों हुआ ? कायदा है, जब लड़कियाँ बड़ी हो जाती हैं, उनका ब्याह कर दिया जाता है।"

"बड़ी-बड़ी ख़ानदानी लड़कियाँ आजकल माँ-बाप के यहाँ बैठी सूख रही हैं। हम जैसों से ब्याह कोई अक्ल का अंधा ही करेगा। मियाँ, आप भी क्या भोली बातें करते हैं ··· लाइए हमें दिखाइए आप क्या पढ़ रहे थे।" उसने

1. नौकरों के क्वार्टर।

किताब तिपाई से उठा ली। उसके वरक़[1] पलटे। एक ग़ज़ल गुनगुनाने लगी।

"ज़रा ज़ोर से ··· "

"दरवाज़ा भेड़ दीजिए। नीचे सब आवाज़ जाती है।"

फ़रहाद ने उठकर सेहन की तरफ़ खुलनेवाले दरवाज़े भेड़ दिए।

रश्के-क़मर ने ज़रा नीचे सुरों में तरन्नुम से पढ़ना शुरू किया। फ़रहाद मियाँ महसूरो-मबहूत[2] सुना किए। फिर यकलख़्त[3] कुर्सी से उठकर कहा, "रश्के ··· मिलाओ हाथ। तुम्हारा कैरियर समझ में आ गया। हम तुम्हें शायरा बनाएँगे।"

3

आल इंडिया मुशायरा क़ैसरबाग़ की बारादरी से रिले किया जा रहा है। मुहतरमा सूफ़िया नसीम सबीहाबादी मुशायरे की सदारत[4] फ़रमा रही हैं। "अभी आपने मुहतरमा नाज़नीन बरेलवी से उनका कलाम सुना। अब लखनऊ की होनहार शायरा मिस रश्के-क़मर से उनकी ताज़ा ग़ज़ल सुनिए। आइए, बहन रश्के-क़मर ··· "

मुशायरे के इख़्तताम[5] पर रश्के-क़मर ने अपना लेडी हैमिल्टन का काला बुर्क़ा ओढ़ा और पिछले दरवाज़े से निकलकर गैलरी में पहुँची जहाँ आग़ा फ़रहाद काली शेरवानी, सफ़ेद पायजामे में मलबूस अपनी बयाज़[6] हाथ में लिए रेडियो स्टेशन के एक नौजवान अफ़सर सैयदसाहब के साथ मौजूद थे। सैयदसाहब ने हेड-फ़ोन उतारा। उनके आदमियों ने अपना अंगड़-खंगड़ समेटना शुरू किया।

"रश्केसाहिबा, आपके तरन्नुम ने मुशायरा लूट लिया।" सैयदसाहब ने मुस्कुराकर कहा। रश्के-क़मर ने नक़ाब उलटकर तसलीम अर्ज़ की।

"अब चुपके से निकल चलो। वर्मासाहब ने तुम्हारे लिए एक और प्रोग्राम

---

1. पन्ने; 2. खोए हुए और स्तब्ध; 3. अचानक; 4. अध्यक्षता; 5. समापन; 6. शेर लिखने की कापी।

बनाया है," आग़ा फ़रहाद ने उठते हुए कहा। "वह प्रोग्राम कल बताएँगे। अच्छा भई सैयद, कल तुमसे वर्मा के यहाँ मुलाक़ात होगी।"

आग़ा फ़रहाद के साथ बाहर आकर रश्के-क़मर ताँगे पर सवार हुई।

"तुमसे किसी ने सवालात तो नहीं किए ··· ग़ैर-ज़रूरी," फ़रहाद ने दरियाफ़्त किया।

"सवालात हमेशा ग़ैर-ज़रूरी होते हैं ··· " रश्के-क़मर ने कहा। "लेकिन अब कौन सा प्रोग्राम सोच रहे हैं ?"

"यह भी ग़ैर-ज़रूरी सवाल है। ख़ामोश रहो और देखती जाओ। हम तुम्हारा कैरियर बना रहे हैं।"

ताँगा पाटे नाले के एक मकान पर जाकर रुका। उसके दरवाज़े पर भी टाट का पर्दा पड़ा था। लेकिन यह मकान फ़ुरकान मंज़िल की उस कोठरी से हज़ार दर्जा बेहतर था। ड्योढ़ी के अंदर छोटा-सा आँगन। खपरैल का बरामदा। अंदर दो कमरे। ड्योढ़ी के पास बैतुलख़ला[1]। दूसरी तरफ़ बावर्चीख़ाना। अमरूद के दरख़्त के नीचे पानी का नल। रश्के-क़मर को मुशायरों से आमदनी हो रही थी। रेडियो पर गाने के प्रोग्राम मिल रहे थे। छः-सात महीने में कायापलट हो गई। ख़ालू[2] अब किसी बढ़िया हेयर-कटिंग सैलून में मुलाज़मत करना चाहते थे। मगर हुरमुज़ी ख़ाला ने मना कर दिया कि लोग कहेंगे, मिस रश्के-क़मर के ख़ालू नाई हैं। उनको फ़रहादसाहब ने एक दुकान में जिल्दसाज़ी के काम पर लगवा दिया था।

दूसरे रोज़ शाम के पाँच बजे क़मरून और जमीलुन बुर्के ओढ़कर नज़रबाग़, फ़रहादसाहब के बताए हुए पते पर पहुँचीं। बालाई[3] मंज़िल की बालकनी में मियाँ फ़रहाद इंतज़ारे-साग़र खींच रहे थे।[4] इशारे से ऊपर बुलाया। जमीलुन के लिए नई बैसाखी आ गई थी, मगर उसे ज़ीना चढ़ने में दिक़्क़त होती थी। फ़रहाद ख़ुद दौड़े हुए नीचे गए। उस बेचारी को सहारा देकर दूसरी मंज़िल पर लाए। गैलरी में एक दरवाज़े पर बोर्ड लगा था–नरेंद्रकुमार वर्मा, जर्नलिस्ट (गोल्ड मेडलिस्ट), राइटर एंड आर्ट एडवाइज़र।

अंदर से कमरा मुँह से बोल रहा था कि एक नख़ालिस[5] इंटेलेक्चुअल की

---

1. शौचालय; 2. मौसा; 3. ऊपरी; 4. शराब आने की प्रतीक्षा कर रहे थे; 5. शुद्ध।

बैठक हूँ। दीवारों पर चुग़ताई के प्रिंट। एक तरफ़ ग़ालिब, दूसरी तरफ़ टैगोर। कोने में फ़्लोर लैंप। बुक-शेल्फ़ में अंग्रेज़ी-उर्दू किताबें। नीची तवील[1] मेज़ पर उर्दू के तरक़्क़ीपसंद जरीदे[2] और चंद ताज़ा पाकिस्तानी रिसाले,[3] फ़र्श पर रंगीन चटाई। किश्ती में स्टूडियो पाटरी का टी-सेट, साहबे-ख़ाना[4] फ़र्श पर बैठे, रेडियो स्टेशनवाले दोस्त से मसरूफ़े-गुफ़्तगू[5] थे। एक दीवान पर एक नाज़ुक-अंदाम[6], गोरी-सी सत्रह-अठारह-साला लड़की मामूली फ़ाल्सई सारी पहने सहमी बैठी थी। नौवारद[7] लड़कियों को देखते ही घबराकर उठ खड़ी हुई और हाथ जोड़कर नमस्ते किया। साहिबे-ख़ाना फ़ौरन खड़े हो गए। क़मरून-जमीलुन को बड़े तपाक से तसलीमात अर्ज़ की और टोकरीनुमा निहायत आर्टिस्टिक कुर्सियों पर बिठाया। वर्मासाहब आग़ा फ़रहाद से उम्र में चंद साल बड़े थे। मोटे स्याह फ्रेम की ऐनक, सर पर झव्वा भर बाल, खादी सिल्क का बादामी कुर्ता, नेहरू जैकेट, चूड़ीदार पायजामा, चेहरे से नेकदिली और खुशख़ल्क़ी[8] हुवैदा[9] थी। देखने-सुनने में भी बुरे नहीं थे।

बैचलर एपार्टमेंट था। मुलाज़िम छोकरे को आवाज़ दी। वह नहीं आया तो झल्लाकर चायदानी उठाई और किचन की तरफ़ भागे।

"आपने अब तक बताया ही नहीं कि साहबे-ख़ाना कौन हैं," रश्के-क़मर ने चुपके से पूछा। रेडियोवाले दोस्त दीवान पर बैठे छरेरी बदनवाली लड़की से बात कर रहे थे।

"ये ...," आग़ा फ़रहाद ने जवाब दिया। "अरे, लाजवाब आदमी हैं। रईसज़ादे हैं। माँ-बाप नरही पर रहते हैं। उन्होंने यह फ़्लैट ले रखा है आर्ट और कल्चर की ख़िदमत के वास्ते। हमने तुम्हारे बारे में उन्हें बताया। उन्होंने फ़ौरन एक स्कीम बना डाली। अभी देखो, आकर बताएँगे।"

वर्मासाहब चायदानी उठाए मुस्कुराते हुए वापस आए। अब आग़ा फ़रहाद ने सरगोशी में उनसे पूछा, "यार, यह लड़की कौन है ?"

"यह ... ?"

"पहाड़न है ... "

---

1. लंबी; 2. पत्रिकाएँ; 3. पत्रिकाएँ; 4. गृहस्वामी; 5. बातचीत में रत; 6. धीमी चालवाली; 7. आगंतुक; 8. शिष्टता; 9. प्रकट।

"यह सुतवाँ नाक, कँवल[1] नयन, पतली कमर ⋯ आपको पहाड़न नज़र आती है ?"

"सुना है कि उनके कमर ही नहीं है। खुदा जाने नाड़ा कहा बाँधते हैं ⋯" फ़रहादसाहब इक्के-ताँगेवालों की तरह गुनगुनाए।

"लाहौल-विला-कुवत ⋯ " वर्मासाहब ने झुँझलाकर कहा और गोरी लड़की से मुख़ातिब हुए। "मोती, इधर आकर बैठो ⋯ लो ⋯ चाय बनाना सीखो ⋯ भई रश्के-क़मर साहिबा ! ज़रा अब आप इनकी तरबियत[2] कीजिए।"

लड़की दीवान से उतरकर चारपाई पर आ बैठी और घबराई हुई-सी सबके चेहरे तकती रही।

"लो ⋯ चाय बनाओ सबके लिए," वर्मासाहब ने ट्रे उसके सामने सरकाई।

"चौके में बैठना छोड़ मेरी सरवन ⋯ छुरी-काँटे से खाना सीख ⋯ लहँगा पहनना छोड़ मेरी सरवन ⋯ साया पहनना सीख ⋯ पीढ़ी पर बैठना छोड़ मेरी सरवन ⋯ अरे धौले कुएँ पे तंबूरे ताने मेखें वीं गड़वाए ⋯ मेख़ें वीं गड़वाए ⋯ " सैयदसाहब ने जो दिल्लीवाले थे, अलापना शुरू किया।

"यह क्या है ? कहाँ का लोकगीत है," वर्मा ने दिलचस्पी से पूछा।

"एक दिहातन पर दिल्ली का अंग्रेज़ रेज़ीडेंट आशिक़ हो गया था। उसके मुतल्लिक़ उस ज़माने में हमारी तरफ़ यह गीत गाया जाता था ⋯"

"फिर क्या हुआ ⋯ ?"

"वह अंग्रेज़ क़त्ल हुआ ⋯"

"विलियम फ्रेज़र ⋯ ?" आग़ा फ़रहाद ने दरियाफ़्त किया।

"हमारी मोती पे फ़िरंगी आशिक़ हो गया तो हम भी उसे क़त्ल कर देंगे," वर्मासाहब ने ऐलान किया।

"साहब, यह क़त्ल-खून की बातें न कीजिए। बदशगुनी है," रश्के-क़मर बोलीं।

"भाई सुनो," वर्मासाहब ने सैंडविचेज़ सर्व करते हुए फ़रमाया। "पिछले हफ़्ते हम गए थे अलीगंज के मेले। वालिदा[3] को लेकर। वह बेचारी हनुमानजी

---

1. कमल; 2. प्रशिक्षण; 3. माता।

के मंदिर जा-जाकर हमारे लिए मन्नतें मानती हैं कि हम राहे-रास्त[1] पर आ जाएँ यानी अपना घर बसाएँ। अब ख़ुदा की कुदरत देखिए कि वालिदा तो गईं मंदिर के अंदर, हम ज़रा कैमरा लेकर निकले बराए-मटरगश्त[2] तो आप नज़र आईं। एक पेड़ के नीचे खड़ी कजरी गा रही थीं। पूरी टोली साथ थी। क़यामत की आवाज़ है। बस रश्के-क़मर साहिबा, आपके तोड़ पर हैं। हमने आपको रेडियो पर कई दफ़ा सुना है।"

"तो आप उनको पटाकर यहाँ ले आए," रश्के-क़मर ने बेतकल्लुफ़ी से हँसकर कहा।

"बड़ी मुश्किल से ··· ख़ासुल-ख़ास ज़िला फ़ैज़ाबाद की पात्र हैं।"

"और वालिदा को मालूम हो गया तो ··· ?" आग़ा फ़रहाद ने पूछा।

"अभी तो उन्हें कुछ इल्म नहीं है। हम क्या करें ! बजरंगबली की मर्ज़ी यही थी। अच्छा भई, सुनो हमारी स्कीम। हम एक स्विंग बर्ड्स क्लब क़ायम करते हैं। आप तीनों बहैसियत लोकगीत एक्सपर्ट उसकी स्टार्स। शहर में प्रोग्राम करेंगे, टूर पर जाएँगे। स्विंग बर्ड्स क्लब उड़ जाएगा। हम आर्गेनाइज़र आदमी हैं। बला के एफ़िशिएंट ··· कल हम आर्ट स्कूल से इसके लेटरहेड का नमूना भी बनवा लाए। देखिए ··· " उन्होंने काफ़ी टेबिल के निचले ख़ाने से एक काग़ज़ निकाला जिसकी पेशानी पर लिखा था – "स्विंग बर्ड्स क्लब, मैनेजिंग डाइरेक्टर एन.के. वर्मा।" गोशे[3] में आम का दरख़्त। उस पर चिड़ियाँ, नीचे एक लड़की बैठी तंबूरा बजा रही थी। सबने बारी-बारी उस काग़ज़ का मुलाहिज़ा किया।

"जब चिड़ियाँ हैं तो लड़की की क्या ज़रूरत है ···," आग़ा फ़रहाद ने एतराज़ किया।

"भाई आग़ासाहब, ये बारीकियाँ तुम्हारी समझ में नहीं आएँगी। तुम जाके हींग बेचो। और सुनिएगा, इनका नाम था मोती। हमने रखा है सदफ़-आरा बेगम। मोती," वर्मासाहब ने लड़की को पालतू बिल्ली की तरह मुख़ातिब किया। "मोती ··· कहो सदफ़।"

"सदफ।" लड़की ने दुहराया।

---

1. सही राह सन्मार्ग; 2. टहलने के लिए; 3. कोने।

"अरे भाई सदफ़ ··· फ़े से।"

"सदफ ··· फे से ··· "

"अस्तग़फ़िरुल्लाह।[1] कहो, सदफ़-आरा बेग़म।"

"सदफ-आरा बेगम।"

वर्मासाहब ने एक तवील साँस ली। "ख़ैर, अल्लाह मालिक है। कल से उनका शीन-क़ाफ़ दुरुस्त करने की intensive ट्रेनिंग शुरू, डेढ़ महीने बाद स्विंग बर्ड्स क्लब का पहला प्रोग्राम रेडियो पर भी शिड्यूल कर लिया गया ··· क्यों मियाँ ?" उन्होंने सैयदसाहब से दरियाफ़्त किया।

"क़त्तई।" उन्होंने पाइप सुलगाते हुए जवाब दिया।

अब वर्मासाहब जमीलुन की तरफ़ मुतवज्जह[2] हुए जो उस दौरान में चुपकी बैठी ग़ौर से सबकी गुफ़्तगू सुन रही थी। वर्मासाहब ने उसे बड़े ध्यान से देखा। फिर दफ़अतन चुटकी बजाकर बोले, "कुमारी जलबाला लहरी ···"

"कौन ··· ? हम ··· ? हमारा नाम जमीलुन्निसा बेगम है।" जमीलुन ने बिगड़कर कहा।

"कुमारी जलबाला लहरी," वर्मासाहब ने क़त्तइयत[3] के साथ दुहराया। "शक्ल में बिलकुल बंगाली मलाहत[4]। आप बंगाल से कल आई हैं ··· जलबाला लहरी ···"

"यह जला-बला कौन बला है ? और बंगाल से आए हमारी बला। हम हुसैनाबाद में पैदा हुए थे। अब पाटे नाले पर रहते हैं।"

"अरे भाई ··· हम तुम्हारा कैरियर बना रहे हैं।"

"कैरियर न सैरियर ··· वह क्या होता है ?"

"तुम्हारा मुस्तक़बिल।"

"अरे हमारा कैरियर अल्लाह मियाँ न बना पाए, आप क्या बनाएँगे !" जमीलुन ने खुश्की से जवाब दिया।

"नऊज़बिल्लाह[5] ··· क्या कुफ़्र बकती हो !" वर्मासाहब ने बुरा मानकर कहा।

"जलबाला लहरी।" आग़ा फ़रहाद ने तौसीफ़न[6] दुहराया। "खूब नाम

---

1. खुदा रक्षा करे; 2. ध्यानाकर्षित; 3 निश्चय; 4. सलोनापन; 5. अल्लाह की पनाह; 6. प्रशंसा भाव से।

सोचा।"

"लहरी क्यों ··· ? इसलिए कि हम लहरा के चलते हैं ?" जमीलुन ने सवाल किया।

"अरे भाई, ज़रा इस उलटी खोपड़ी की लड़की को समझाओ," वर्मासाहब ने आज़िज़ आकर कहा। "लहरी एक बंगाली surname है।"

"वर्मासाहब, हम इन्हें समझा लेंगे ··· अब आप बताइए, रिहर्सलें कब शुरू करेंगे ?" रश्के-क़मर ने दरियाफ़्त किया।

वर्मासाहब पैड पर लिखने में मसरूफ़ हो चुके थे।

स्विंग बर्ड्स क्लब

1. सदफ़-आरा बेगम
2. मिस रश्के-क़मर
3. कुमारी जलबाला लहरी

4

"हलो ··· हलो ··· जी हाँ, मैं वर्मा बोल रहा हूँ। अख़्ख़ाह, आदाब अर्ज़। मिज़ाजे-आली ··· अरे साहब, आप कहाँ थे ? दिल्ली से कब आए ? आपने हमारा कंसर्ट मिस कर दिया। जी हाँ, बहुत शानदार रहा। एक मिनिस्टर ने उद्‌घाटन किया। खूब तसवीरें खिंचीं, ज़बरदस्त पब्लिसिटी रही और हाउसफुल। जी ··· ? जी नहीं, सिर्फ़ लाइट म्यूज़िक। हमारी आर्टिस्ट लोग ग़ज़ल और गीत की एक्सपर्ट हैं। प्रेस ने बहुत उम्दा रिव्यू किए। इस वक़्त ··· ? भई, माफ़ फ़रमाइएगा। आज मंगल की शाम है। वालिदासाहिबा को एक कीर्तन में ले जाना है। आज तो तशरीफ़ न लाइए। हम इसी वक़्त नरही जा रहे हैं। अपने मकान पर ··· जी हाँ, बहुत-बहुत शुक्रिया। आपकी दुआओं का तालिब[1] हूँ। अगले इतवार को ··· बहुत खूब। आदाब अर्ज़।" वर्मासाहब ने फ़ोन का रिसीवर रखकर एक गहरी साँस भरी। आकर दीवान पर गिर गए और

1 इच्छुक।

फ़रमाया, “माँएँ ही आड़े वक़्त पर काम आती हैं।”

“अमाँ, क्यों इतना सफ़ेद झूठ बोलते हो ! दोनों वक़्त मिल रहे हैं। कहने लगे, वालिदासाहिबा को कीर्तन में ले जाना है,” फ़रहाद ने चटाई पर लेटे-लेटे कहा। “कौन था ?”

“एक महाबोर। प्रोग्राम की कामयाबी की दाद देने आ रहे थे और हमने टाल दिया। अरे भाई सदफ़-आरा ···” वर्मासाहब ने आवाज़ दी।

“सदफ़-आरा किचन में कचालू बना रही हैं,” रश्के-क़मर ने कहा। वह कुर्सी पर बैठी एक रिसाले की वरक़गरदानी कर रही थी।

“सदफ़-आरा ने आज तुम लोगों के लिए बढ़िया खाना बनाया है”, वर्मासाहब बोले।

“बहुत भली लड़की है,” क़मरून ने कहा।

वर्मासाहब जोश में आकर उठ बैठे। “तुम तीनों बहुत भली लड़कियाँ हो ··· सुनो रश्के-क़मर, हमने एक और स्कीम बनाई है।”

“अल्लाह ख़ैर करे।”

“बात सुनो। हम एक उर्दू रिसाला निकालेंगे। कल ही जाकर डिक्लेरेशन दाख़िल करते हैं। इसका नाम सोच लिया है। गौहरे-शबचिराग़।”

“सुब्हान-अल्लाह,” फ़रहाद ने कहा। “सदफ़-आरा बेगम और गौहरे-शबचिराग़ ! आपका जवाब नहीं।”

“और पहले शुमारे[1] में एक मज़मून[2] लिखेंगे रश्के-क़मार के बारे में। यह देखो ···,” उन्होंने काग़ज़ पर जल्दी-जल्दी कुछ घसीटा और काग़ज़ रश्के-क़मर को पेश किया।

“मुमकिन उनवान
रश्के-क़मर की शायरी
रश्के-क़मर का नज़रिया-ए-फ़न[3]
रश्के-क़मर का फ़लसफ़ा-ए-हयात[4]
रश्के-क़मर के साथ एक शाम
रश्के-क़मर के शबो-रोज़[5] ···”

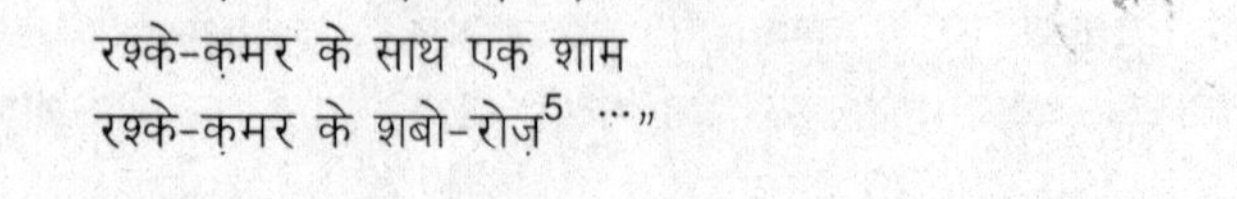

---

1. अंक; 2. लेख; 3. कला संबंधी दृष्टिकोण; 4. जीवन-दर्शन; 5. रात-दिन।

आग़ा फ़रहाद ने काग़ज़ लेकर पढ़ा और बोले, "यह आख़िरी उनवान हमें पसंद आया।"

"आप लोगों को हमारा मज़ाक़ उड़ाते शर्म तो नहीं आती," रश्के-क़मर ने उदासी से कहा।

"मज़ाक़ ··· ? कमाल करती हो ··· हम तुम्हारा अदबी कैरियर बना रहे हैं," वर्मासाहब ने संजीदगी से इरशाद किया।

जमीलुन सोफ़े पर लेटी थी। बैसाखी के सहारे उठने की कोशिश की। वर्मासाहब और आग़ा फ़रहाद, दोनों उसकी मदद के लिए लपके।

अचानक जमीलुन सर झुकाकर रोने लगी।

"जलीमुन ··· जमीलुन ··· क्या हुआ ··· ?" वर्मासाहब ने हड़बड़ाकर पूछा।

"कुछ नहीं वर्मासाहब," जमीलुन ने कश्मीरी सिल्क की सारी के पल्लू से आँसू ख़ुश्क करते हुए कहा। "हमें अभी-अभी यह ख़याल आया ··· कि ··· "

"क्या ··· ? क्या ··· ?"

" ··· कि हमने ज़िंदगी में कभी सुख-चैन देखा ही नहीं। अब जो अचानक यह हमारा माहौल बदला है इसमें कोई धोखा न हो ··· बजिया तो सख़्तजान हैं, हम नहीं हैं ···"

"कैसी बातें करती हो भाई जलीमुन ··· जमीलुन ···," वर्मासाहब ने इंतहाई ख़ुलूस से[1] कहा।

"अरे, आप लोग हमारी रामकहानी सुनें तो यक़ीन न आएगा," रश्के-क़मर काफ़ी बनाते हुए बोली। "लेकिन हमें हमदर्दी वसूल करने से नफ़रत है और शर्म भी आती है।"

"हमें नहीं आती शर्म। जब कुदरत को हमारी यह धजा बनाते शर्म न आई तो हमें क्यों आए !" जमीलुन ने रूमाल से नाक पोंछते हुए कहा। वर्मासाहब ने कॉफ़ी की प्याली पेश की।

"हम पैदा हुए, अम्माँ हमारी पैदाइश ही में मर गई," जमीलुन ने काफ़ी का घूँट भरके कहा। "हम लँगड़े पैदा हुए। ख़ाला ने पाला। गलियों में रुलके, लोट-पीटकर पाँच-छः साल के हुए। अम्माँ के मरने के बाद घर का ख़र्च

---

1. अत्यंत साफ़दिली से।

चलानेवाली सिर्फ़ ख़ाला रह गईं। उनको हो गई तपेदिक़। अम्माँ जो कुछ जोड़-जकोड़ गई थीं वह ख़ाला की दवा-दारू में उठ गया। डाक्टर ने कहा, भुवाली जाओ। जो थोड़ा-सा पैसा बचा था उसे लेकर हुरमुज़ी ख़ाला ने भुवाली जाने की ठानी ···"

"और यह तुम्हारे ख़ालू ··· ?" आग़ा फ़रहाद ने बात काटी।

"बताते हैं, सुनते जाइए। यह एक हज्जाम हमारे अक़ीक़े[1] के लिए बुलाए गए थे। उन बेचारे को हम लोगों से हमदर्दी हो गई। कभी-कभार आ निकलते। ख़ाला पहले तो उनसे अपनी चिलम भरवाने की भी रवादार नहीं थीं।[2] लेकिन पर्दे में बैठती थीं। बीमार पड़ीं तो लोगों ने मिलना-जुलना छोड़ दिया। अब दवा-इलाज की दौड़-भाग कौन करे ! हम छः साल के थे, बजिया दस-ग्यारह साल की। यह जुम्मन ख़ाँ हज्जाम बाहर का काम कर देते। उनके बीवी-बच्चे मर चुके थे। वह भी मुहब्बत-अपनाइयत के दो बोलों के भूखे थे। कहने लगे, मैं तुम लोगों के साथ भुवाली चलूँगा। हुसैनाबाद का मकान भी किराये का था। हम लोग बोरिया-बिस्तर बाँध काठगोदाम रवाना हुए।

"अब ये निगोड़े यकचश्म[3] जुम्मन ख़ाँ थे बड़े ऐबी। गाँजे और अफ़ीम की लत इन्हें। जुआ यह खेलें। ख़ाला, हम और बजिया ज़नाना थर्ड क्लास में सवार हुए। वह मरदाने डिब्बे में जा बैठे।

"मरे को मारें शाह मदार ··· सारा पैसा ख़ाला ने उनके हवाले कर दिया था कि हिफ़ाज़त से रखेंगे। वह खुद रोगी। हम दोनों बच्चियाँ। ख़ैर, काठगोदाम ट्रेन पहुँची। हम लोग उतरे तो जुम्मन ख़ाँ अपने डब्बे से उतरकर धाड़ें मारके रोने लगे। बोले, रात को सोते में किसी ने जेब काट ली। ख़ाला ने हाहाकार मचा दिया। ऐबी, बदज़ात, भाँड, शोहदे, किसी मुसाफ़िर के साथ ताश खेलने बैठा होगा। सारी रक़म हार गया। उन्होंने हमाइल-शरीफ़[4] हाथ में लेकर क़सम खाई कि किसी जेबकतरे ने बटुवा पार कर दिया। उन्होंने जुआ नहीं खेला। हम लोग अपनी किस्मत को रो-पीटकर बैठ गए। अब क्या करें ! जो नाश्ता साथ था, वह भी ख़त्म हो गया। ख़ाला के पास दो-चार रुपये

---

1. मुंडन-नामकरण संस्कार; 2. पसंद नहीं करती थीं; 3. काना; 4. छोटे आकार का कुरआन शरीफ़।

थे। वह भी ख़र्च हो गए। अब खाएँ कहाँ से। जुम्मन ख़ालू अपनी किस्बत[1] साथ लाए थे। दूसरे दिन वह प्लेटफ़ार्म के सिरे पर जा बिराजे। मुसाफ़िरों की हजामत बनाने लगे। फिर ख़ाला की समझ में एक बात आ गई। वह हारमोनियम-ढोलकी भी साथ लाई थीं। उन्होंने ढोलक बजिया के आगे सरका दी। बजिया ने गाना शुरू किया। मुसाफ़िरों की भीड़ लग गई। थोड़ी-सी आमदनी हुई। नैनीताल जानेवाले अमीर लोग हमारा गाना सुनकर इधर आ जाते। रुपया, दो रुपया दे देते। रेलवे स्टेशन पर पड़े कई दिन गुज़र गए तो पुलिस ने हँकाल दिया।[2] नज़दीक लकड़ियों के ढेर लगे हुए थे। एक सायबान था। उसमें जा बैठे।

"काठगोदाम भी आधा नैनीताल समझो। ख़ाला की तबियत बेहतर होने लगी। ज़रा दम आया तो किसी ने जुम्मन ख़ाँ से कहा, आसपास के गाँवों में गा-बजाकर काफ़ी कमा सकते हैं। हम लोग लारी में बैठकर हलद्वानी पहुँचे। फिर वहाँ से और आगे। तराई के इलाक़े में घूमने लगे। अफ़ज़लगढ़, लाल डाँग, काला गढ़। वहाँ बाघ-बघेलों की कसरत[3] थी। रात को हम लोग किसी जंगल के रास्ते से गुज़रते, शेरों के दहाड़ने की आवाज़ आती। अकसर ख़ाला मुझे कोसतीं। कमबख़्त कोई शेर आकर इसे नहीं खाता। मैं भी कभी-कभी दुआ माँगती। अल्लाह मियाँ कोई शेर, तेंदुआ भेज दो जो आकर मुझे खा जाए। लाल डाँग में कार्बेटसाहब का बँगला था। वह आदमख़ोरों की तलाश में बंदूक उठाए जंगल-जंगल घूमता था।

"उस इलाके की आबो-हवा इतनी अच्छी थी कि ख़ाला जो बरसों हुसैनाबाद के गंदे मकान में बंद रही थीं, अच्छी होने लगीं। वह बड़ा सरसब्ज़[4] इलाक़ा था। वहाँ कच्चे रास्ते पर अब दोमंज़िला शिकरमें चलती थीं। हम लोग वहाँ कई बरस घूमे। अफ़ज़लगढ़ में ईसाइयों का मिशन था। एक बार उन्होंने इशारतन हमसे कहा कि तुम सब ईसाई हो जाओ और हमारी तब्लीग़ी[5] टोली में शामिल होकर गाँव-गाँव इसी तरह यीशु मसीह के भजन गाओ तो तुम्हारा इलाज भी करा देंगे। स्कूल-कालेज पढ़ा भी देंगे। मैंने ख़ाला से कहा, हो जाओ ईसाई। खुदा न यहाँ है न वहाँ, फ़र्क़ क्या पड़ता है ! तुम्हारा और मेरा इलाज

---

1. नाई की पेटी; 2. भगा दिया; 3. बहुतायत; 4. हरा-भरा; 5. धर्मप्रचारक।

तो हो जाएगा। बजिया स्कूल में दाख़िल हो जाएगी। उनकी ज़िंदगी बन जाएगी। ख़ाला हमेशा ही हथछुट। उन्होंने मार-मारके हमें अत्तू कर दिया। टाँग तो ग़ारत हुई, बदबख़्त ईमान भी खाने पर तैयार है। ख़ैर, उन मिशनरी औरतों ने हमें और बजिया को थोड़ी-सी अंग्रेज़ी पढ़ा दी। ऊन का काम सिखा दिया।

"जुम्मन ख़ाँ ज़ात के भाँड थे। कहते थे, उनके दादा-परदादा शाही के लखनऊ में नामी-गिरामी भाँड थे। ज़माना बदल गया। उनके फ़न[1] के क़द्रदाँ न रहे। जुम्मन ख़ाँ ने मजबूरन नाई का काम सीख लिया। अब भी उनको तीन-चार नक़लें याद थीं। बेचारे बड़ी कोशिश से मेलों-ठेलों में वही पेश करते। बजिया और हम गाते। ख़ाला ढोलक बजातीं। बेचारी ख़ाला ने उनसे निकाह कर लिया था। गँवारों ने हमारा नाम जमीलुन से जलेबी कर दिया। बजिया इमरती कहलाती थीं। बड़ी कठिन ज़िंदगी थी। लेकिन ख़ाला हुसैनाबाद आने को तैयार न थीं। उन्हें यक़ीन था कि टाट के पर्दे के पीछे मुक़य्यद[2] होकर उन्हें फिर टी.बी. हो जाएगी। लेकिन गाँवों और क़स्बों में इतनी ग़ुरबत[3] थी ! ज़मींदारों की तक़रीबों[4] में दस-पाँच रुपये, एक-आध जोड़ा कपड़ा मिल जाता था। बड़ी मुश्किल से गुज़र होती थी। फिर पाकिस्तान बना। सिख रिफ़्यूजियों को बसाने के लिए जंगल काटे गए। उस इलाक़े में पंजाबी शरणार्थी आबाद होने लगे। वह हमारे गानों और नक़लों को क्या समझें ! हम लोगों ने फिर अवध का रुख़ किया।

"वहाँ एक क़स्बे में हम लोग एक सराय में टिके थे। जाड़ों का ज़माना था। रमज़ान का महीना। मुझे वह रात अब तक इतनी साफ़ याद है। 21 रमज़ान की शब थी। ख़ालू गाँव की मस्जिद में तरावीह[5] पढ़ने गए थे। मैं और ख़ाला और बजिया सराय के बरामदे में बैठे आग ताप रहे थे। ख़ालू का क़ायदा था कि मस्जिद से सेहरी[6] खाकर वापस आते थे क्योंकि वहाँ गाँववाले दीनदारों की भेजी हुई सेहरी खाने को मिल जाती थी। सेहरी के बाद बस्ती की तरफ़ से नौहे की दिलदोज़[7] आवाज़ सुनाई दी—इब्ने-मुलजम ने हैदर को मारा। रोज़ादारो, क़यामत के दिन हैं ⋯ ख़ालू, बजिया और मैं भी वही नौहा पढ़ने

---

1. कला; 2. क़ैद; 3. ग़रीबी; 4. उत्सवों; 5. रमज़ान के महीने में शाम की नमाज़ के बाद प्रतिदिन कुरआन-शरीफ़ के एक हिस्से का पाठ; 6. रोज़े का दिन शुरू होने से पहले का भोजन; 7. हृदयविदारक।

लगीं। उसी वक़्त ढाटे बाँधे डाकू सेहन में आ कूदे। एक डकैत बजिया को उठा ले जाने के लिए आगे बढ़ा। सराय के आँगन में सेहरी के लिए जगह-जगह चूल्हे जल रहे थे। हमारी चीखें सुनकर सारे मुसाफ़िर दौड़ पड़े। डाकुओं को मार भगाया। मगर हम तीनों दहलकर रह गए। ख़ालू फ़जिर[1] पढ़कर मस्जिद से लौटे। ख़ाला ने कहा, शहर वापस चलो। देहात से भर पाए। चुनांचे हम लोग लखनऊ वापस आ गए। यहाँ फ़रहाद के शागिर्दपेशे[2] में एक कोठरी किराये के लिए ख़ाली थी, उसमें आन बसे ...”

वर्मासाहब और आग़ा फ़रहाद मबहूत[3] बैठे सुन रहे थे। जमीलुन ने क़िस्सा ख़त्म किया तो चौंक पड़े। सदफ़-आरा जो रसोई से आ चुकी थी, कहानी सुनकर आँसू बहा रही थी।

“मगर ताज्जुब है कि रश्के-क़मर तुम लोग भाभर के इलाक़े में पली-बढ़ी और उर्दू तुम्हारी इतनी नफ़ीस[4] है !” वर्मासाहब ने कहा।

“वर्मासाहब, जान साहब[5] की रेख़्ती[6] ख़ानगियों ही की ज़बान थी ...” आग़ा फ़रहाद बोले।

“और हुरमुज़ी ख़ाला और जुम्मन भाँड की तरबियत,[7]” रश्के-क़मर बोली। “हुरमुज़ी ख़ाला सनक गई हैं, लेकिन अब भी दर्जनों शेर याद हैं।”

“आहो ... हमारा ख़याल था, तुम लोग ज़ात की मीरासन हो ...”

“मीरासनें बेचारियाँ शरीफ़ होती हैं। पेशा नहीं करतीं। दरअस्ल हमें और बजिया को गाने का बड़ा शौक़ था। इसलिए ख़ाला ने ढोलक मँगवा दी थी।”

“पर्दानशीन ख़ानगियाँ गाती-बजाती नहीं हैं। हमसे पूछिए। अच्छा, एक बात बताओ क़मरून। औरतें ख़ानगियाँ क्यों हो जाती हैं ?”

“यह भी निहायत ग़ैर-ज़रूरी सवाल है आग़ासाहब। गोया आप तो जानते ही नहीं,” रश्के-क़मर ने उकताकर जवाब दिया। “इनसान पेट की ख़ातिर सब कुछ करता है। शराफ़त-वराफ़त सब धरी रह जाती है। ज्यादातर

---

1. सुबह की नमाज़; 2. नौकरों के रहने की जगह; 3. स्तब्ध; 4. सुंदर; 5. रेख़्ती के एक प्रसिद्ध कवि; 6. उन्नीसवीं सदी में प्रचलित काव्य-रूप जो ज़नाना बोली में होता था; 7. प्रशिक्षण।

ख़ानगियाँ सफ़ेदपोश घरानों से ताल्लुक़ रखती हैं। खुद हमारे नाना बेहद शरीफ़, बेहद ग़रीब आदमी थे। वह मर-मरा गए। अम्माँ को उन्होंने जिस शरीफ़ आदमी से ब्याह दिया था वह किसी वबा[1] में चल बसे। हमारे बाप ··· हम डेढ़ बरस के थे। अम्माँ सत्रह बरस की उम्र में बेवा हुईं। बिलकुल बेसहारा रह गईं तो मज़बूरन ··· हुरमुज़ी ख़ाला के मियाँ किसी फ़ौजदारी के मुक़द्दमे में फँस गए थे। वह पुलिस से छिपने के लिए लापता हो गए। ख़ाला के ससुरालियों ने बेचारी को मनहूस-मनहूस कहकर घर से हँकाल दिया। वह भी नाचार अम्माँ के पास हुसैनाबाद आ गईं। जमीलुन वहीं पैदा हुई थी। उसके बाप इसी शहर के बाइज़्ज़त इनसान हैं। उन्होंने कभी पलटकर उसकी ख़बर नहीं ली।"

"उफ़्फ़ोह भाई," वर्मासाहब ने एक गहरा साँस लिया। "सदफ़-आरा से सुनो तो वह भी कम सताई हुई नहीं है। उसे तेरह बरस की उम्र में इसकी माँ ने एक झड़ूस ज़मींदार के हाथ बेच दिया था। वह था sadist ··· इसकी खुशक़िस्मती से वह दो साल ही में लुढ़क गया। यह गढ़ी से भागकर फिर अपने गाँव वापस आ गई।"

सदफ़-आरा अब ज़ारो-क़तार[2] रो रही थी।

"कभी आपके पास वक़्त हो तो हमारे जुम्मन ख़ाँ से उनकी दास्ताने-हयात[3] भी सुनिएगा। यह जो आप लोग अपनी किताबों, रिसालों में बड़ी ऊँची-ऊँची बातें लिखते हैं सब भूल जाएँगे," जमीलुन ने तलख़ी[4] से मुस्कुराकर कहा।

"भाँडों की हालत बहुत अलमनाक[5] है," आग़ा फ़रहाद सर हिलाकर बोले। "फ़ाक़े कर रहे हैं। हमारे बचपन तक भाँड और साधूबचे तक़रीबों में[6] बुलाए जाते थे। यार वर्मा! तुमको मुस्तफ़ा हुसैन भाँड याद हैं? क्या ज़बरदस्त फ़नकार थे।"

"धुँदले से याद हैं। हमारी बुआ की शादी पर बारात के साथ नरही तशरीफ़ लाए थे," वर्मासाहब ने जवाब दिया।

"हमें खूब याद हैं। अस्सी बरस के थे जब हमने देखा। उस उम्र में भी

---

1. महामारी; 2. फूट-फूटकर; 3. जीवन-कथा; 4. कड़वाहट; 5. दुखद; 6. उत्सवों, समारोहों में।

क्या नाचते थे ! बाक़माल रक़्क़ास[1] थे और कभी-कभी बस ख़ामोश खड़े हो जाते थे लेकिन इस अंदाज़ से खड़े होते थे कि महफ़िल जाफ़रानज़ार[2] बन जाती थी। और वह उनकी घोड़ा छोड़ने की नक़ल। अरे, ये लोग वेस्ट में पैदा हुए होते तो सारी दुनिया उन्हें जानती और लखपति होते।"

"जुम्मन ख़ालू मुस्तफ़ा हुसैन से अच्छी तरह वाक़िफ़ थे।" रश्के-क़मर ने कहा।

"अब बताओ। बेचारे जुम्मन ख़ाँ को नाई बनना पड़ा," वर्मासाहब बोले।

"यह जो हमारी सोसाइटी में बेचारे lowest of the lowly कहलाते हैं, कभी उनकी ज़िंदगियों में झाँककर देखना चाहिए। हमें तो शोहदों पर बहुत तरस आता है। सारी उम्र मुर्दे उठाना, शादियों में निछावर के पैसे लूटना, अजीबो-ग़रीब गालियाँ देना, यही उनकी ज़िंदगी है और ये इसी तरह अपना पेट पालते है ··· और गोरकुन[3] और मुर्दाशोनियाँ[4] ··· "आग़ा फ़रहाद ने कहा।

"भाई अब ज़्यादा डिप्रेस न करो," वर्मासाहब उदासी से बोले।

"और अब स्विंग बर्ड्स क्लब ···," जमीलुन ने उसी तलख़ी से कहा।

5

लाल बाग़ की एक नई इमारत की गैलरी में बोर्ड :

दफ़ातिर[5] स्विंग बर्ड्स इंटरप्राइज़ेज़ (प्राइवेट) लिमिटेड, मैनेजिंग डाइरेक्टर :

एन.के. वर्मा (ग्राउंड फ़्लोर)

स्विंग बर्ड्स स्कूल आफ़ लाइट म्यूज़िक। प्रिंसिपल : सदफ़-आरा बेगम।

---

1. कमाल के नर्तक; 2. ज़ाफ़रान का बाग़; 3. क़ब्र खोदनेवाले; 4. मृतकों को नहलानेवाले। 5. दफ़्तर (बहुवचन)।

वाइस-प्रिंसिपल : कुमारी जलबाला लहरी। फ़र्स्ट फ़्लोर।

'गौहरे-शबचिराग़' उर्दू क्वार्टरली। डिवोटेड टु लाइफ़ एंड लिटरेचर।
पैट्रन : आग़ा फ़रहाद कंधारी। एडीटर : एन.के. वर्मा।
असिस्टेंट एडीटर : मिस रश्के-क़मर लखनवी। फ़र्स्ट फ़्लोर।
स्विंग बर्ड्स डांस एंड ड्रामा ग्रुप। फ़र्स्ट फ़्लोर।

रेज़िडेंस, मैनेजिंग डाइरेक्टर, श्री एन.के. वर्मा। सेकंड फ़्लोर।

श्री एन.के. वर्मा अपनी नफ़ीस ख़्वाबगाह[1] में मसहरी पर नीमदराज़[2] 'गौहरे-शबचिराग़' का इदारिया[3] लिखने में मशगूल हैं। सदफ़-आरा बेगम एक पतिव्रता स्त्री के मानिंद पाँइती बैठी उनके पाँव दाब रही हैं। सहपहर[4] का वक़्त। खुदा अपनी जन्नत में है और दुनिया में हर तरह से ख़ैरियत।

"वर्मासाहब ··· ए वर्मासाहब ··· हम इ कहत रहिन की ···"

"हम यह कहते हैं कि ···"

"अच्छा। हम यह कहते हैं कि अब कमरून का का होइहै। जमीलुन बतावत रहिन मुसाइरों में आय वाली साइरा लोग एजीटेसन कर रही हैं। की जिस मुसाइरे में रस्के-कमर को बुलाया जइहै, वो न जइहैं। उनका चाल-चलन खराब है ···"

"शायरा लोग का दिमाग़ ख़राब है। तारीख़े-अदबे-उर्दू[5] गवाह है कि बहुत-सी अरबाबे-निशात[6] साहबे-दीवान[7] गुज़री हैं और अहले-नज़र ने[8] उनकी हमेशा क़द्र की ···"

"का ···?"

"अरे यार, तुम तो हो गधय्या। अब बक बक मत करो, हमें मज़मून लिखने दो ···"

"वर्मासाहब, हम एक बारी सपना देखे रहिन ··· की तुम हमसे ब्याह कर लिहिन हो और आगा फरहाद रश्के-कमर से।"

---

1. सुंदर शयनागार; 2. अधलेटे; 3. संपादकीय; 4. तीसरा पहर; 5. उर्दू साहित्य का इतिहास; 6. आनंद देनेवाली (वेश्याएँ); 7. प्रकाशित संग्रह वाले कवि या कवयित्रियाँ; 8. पारखी व्यक्तियों ने।

"उस रात तुम खाना बहुत खाकर सोई होंगी।"

"पर कुछ जमाना उन्होंने आगा फरहाद के साथ अच्छा बिता लिया। मुसाइरों में दूर-दूर तक बुलाई गईं। बंबई गईं तो बतावत रहिन, बहुतै आवभगत हुई। राइटर लोग के हाँ रोज दावत। चाय-पानी। फोटू हिंचे। जगह-जगह गजलें सुनाइन। मुसाइरे हुए। हर जगह फरहादसाहब और रश्के-कमर। फरहादसाहब और रश्के-कमर। धूम मचाईं।"

"जी हाँ। और जब साहबज़ादे लखनऊ वापस आए तो डिप्टी-डिप्टियाइन ने वह जूतेकारी की ! लगाए पचास और गिना एक। उसी महीने बाँध-बूँधकर ब्याह कर दिया।"

"यही तो गजब भवा।"

"क्या ग़ज़ब हुआ। माँ-बाप की तय की हुई लड़की से ब्याह न करते ?"

"अरे तुम मर्द लोग हो बड़े हरामी। हम तो जब जानते जब फरहाद डंके की चोट पर रश्के-कमर से दो बोल पढ़वा लेते।"

"ज़्यादा टर-टर न करो।"

"तुम भी हमारे साथ यही करोगे, हमें मालूम है। जहाँ तुम्हारी माता कहेंगी उसी कुँवारी कन्या, सुपुत्री राजकुमारी, सौभाग्य-लक्ष्मी के साथ फेरे डालोगे।"

"देखो सदफ़, हमारा भेजा मत खाओ। जाकर सो रहो। भूल गई तुम कौन थीं। क्या से क्या बना दिया ! नामवर आर्टिस्ट। अब और ज़्यादा ऊँचे ख़्वाब न देखो भाई। मेलों-ठेलों में गानेवाली मोती को सदफ़-आरा बेगम में तब्दील कर दिया। फिर भी चाँव-चाँव !"

"नाम बदलने से किस्मत थोड़े बदल जात है। जमीलुन का नाम बदलने से क्या उनकी रेखा बदल गई। वैसे ही पड़ी झींक रही हैं खाट पर। हम जात के हिंदू। तुमने हमें बनाया सदफ-आरा बेगम। जमीलुन को कर दिया जलबाला लहरी। उससे क्या फर्क पड़ा ! अरे, जो भगवान के घर से लिखवाकर लाया है वही भोगेगा।"

"अजीब पागल औरत है।"

"अरे, भगवान की नाइंसाफी का कोई ठिकाना है। रश्के-कमर के हाँ

चार बरस में दो ठो लड़के। और फरहादसाहब के यहाँ तीन-तीन बेटियाँ। भगवान का जो काम देखो, उलटा। इतने जमाने से संसार चलाते-चलाते गड़बड़ा गए हैं। अरे सुनो, वर्मासाहब ···"

"क्या है यार ···" वर्मासाहब ऊँघ रहे थे।

"जब नादिर पैदा हुए, हमने कमरून को समझाया था–यह बड़े हो जाएँ तो आगा फरहाद पर दावा कर देना। इतनी बड़ी जायदाद के मालिक हैं, कुछ तो मिल जाएगा। वह तोबा-तिल्ला करने लगीं कि ऐसी बात ही फिर न कहना। उस बेचारे के मरने के बाद फ़रहादसाहब ने कमरून का दुई सौ रुपया बाँधा। यह भी उलटी बात। अब जौन आफताब पैदा भये तो उनका चार सौ रुपया नहीं करने का चाही ?"

"अरे चुग़द। आफ़ताब उनका लड़का नहीं है।"

"वह तो हमहू जानत हैं। वह जौन आर्टिस्ट पंजाब से आया रहा ओका है। आए भी वह, गए भी वह ··· खत्म फसाना होय गया। आगा फरहाद तो मिलते-जुलते हैं नहीं। बीवी से डरत हैं। हमदर्दी में वजीफा देत हैं। तो हमदर्दी में दो सौ और बढ़ा दें। उनके पास पैसे की कोई कमी है ··· और कमरून बेचारी की हालत बहुत खराब है ··· ए वर्मासाहब ··· सोय गइन ···"

वर्मासाहब अब ख़र्राटे ले रहे थे। सदफ़-आरा बेगम उठकर रसोई की तरफ़ जा रही थीं जब कालबेल बजी। जाकर ड्राइंगरूम का दरवाज़ा खोला। एक लंबा-तड़ंगा, खुश-शक्ल, गोरा-चिट्टा अजनबी नीला सूट पहने खड़ा मुस्कुरा रहा था। अपना नाम बताया। सदफ़-आरा ने अंदर जाकर वर्मासाहब को जगाया।

"ए वर्मासाहब ··· उठो ··· वह आए हैं। आग़ा शबदेग ···"

6

"बजिया ··· बहुत बनठनके चलें ··· आग़ा शबदेग ने बुलाया है ?"

"जमीलुन, तुम सदफ़ की नक़ल में जाहिलाना बातें न किया करो। हम

आग़ा शब-आवेज़ हम्दानी के साथ 'आन' पिक्चर देखने जा रहे हैं।"

"शब-आवेज़ नाम ही अनोखा है।"

"ख़ालिस ईरानी नाम है। और हम्दान से उनके बाप कलकत्ते आन बसे थे।"

"शकरदान, चायदान, हमादान, माकूल। बस ज़रा यह ख़याल रखना कि कहीं यह भी चूना न लगा जाए। ईरानी है। हद से हद मुताअ[1] करके छोड़ देगा।"

"काली ज़बान ! थू-थू ···"

"निकाह करेगा ···?"

"हाँ, कह चुका है।"

"निकाह के लिए तैयार है ?" जमीलुन खुशी के मारे उठ बैठी। सिरहाने से खिसक-खिसककर पाँइती आ गई जहाँ क़मरून खिड़की के पास खड़ी मेक-अप कर रही थी।

"कल शाम कह रहे थे। यहाँ से जाते ही ख़त लिखेंगे। ठीक दो महीने बाद बुला लेंगे।"

"कलकत्ते ···?"

"नहीं, उनकी बिज़नेस कई जगह फैली है। कराची, तेहरान, लंदन। अभी तो कराची जा रहे हैं।"

"वर्मासाहब उनसे अच्छी तरह वाकिफ़ है ?"

"वर्मासाहब के पास ही तो आए थे अपनी बिज़नेस के सिलसिले में। सदफ़ मुझे रेडियो स्टेशन पर मिली। कहने लगी, एक आग़ा कलकत्ते से आया है। बहुत अमीर है और छड़ा है। शायद निकाह कर ले। मौसीक़ी[2] का बड़ा शौक़ीन है। बेचारी ने दूसरे रोज़ ही स्विंग बर्ड्स क्लब का प्रोग्राम रखा।"

"बजिया ··· एक बात कहूँ। वर्मासाहब सदफ़ की इस आदत से बहुत परेशान हैं कि वह तुम्हें स्विंग बर्ड्स के ज़रिये लोगों से मिलवाती है। स्विंग बर्ड्स क्लब इसीलिए बदनाम हो रहा है।"

"तो आख़िर मैं क्या करूँ ? मर जाऊँ ? मुशायरों के दावतनामे आने बंद

---

1. एक निश्चित अवधि के लिए विवाह; 2. संगीत।

हो गए। रेडियो प्रोग्रामों से ख़र्चा चल सकता है ? दो सौ रुपल्ली फ़रहाद के हाँ से आते हैं। पचास रुपया महीना वर्मासाहब फ़र्ज़ी म्यूज़िक स्कूल की वाइस प्रिंसिपली के नाम से तुमको दे रहे हैं। महज़ अज़-राहे-हमदर्दी।[1] ढाई सौ में गुज़र हो सकती है ? अभी आफ़ताब को स्कूल में डालना है।"

"बजिया, यह आग़ा हम्दानी वाक़ई तुमसे शादी करने को तैयार है ? ···"

"कह चुका है साफ़-साफ़ अलफ़ाज़ में।"

"लगता है, तुम उस पर आशिक़ हो गई हो। कमबख़्त ख़ूबसूरत बहुत है।"

"हाँ आशिक़ हो गए हैं। आज तक किसी पर आशिक़ नहीं हुए थे। उस पर जान जाती है और वह भी हमें बहुत चाहते हैं।"

"मगर वह तुम्हें कराची या लंदन बुलाकर शादी करेगा, यह मुझे यक़ीन नहीं आता।"

"काली ज़बान थू-थू-थू ··· तू तो मेरी खुशी देखकर जलती है ··· लँगड़ी चुड़ैल ··· पिछलपाई ···"

"अज़ बराय-खुदा बजिया ··· ऐसी घटिया बातें मत करो ···"

बजिया पर्स उठा, तनतनाती हुई कमरे से बाहर चली गईं। ड्योढ़ी में पहुँचकर टाट का पर्दा उठाया और बाहर निकलीं। साइकिल रिक्शा में बैठीं। रिक्शा पाटे नाले से निकलकर कार्लटन होटल की तरफ़ रवाना हुई।

7

ओ रे विधाता बिनती करूँ तोरी पैंयाँ पड़ूँ बारम-बार,
अगले जनम मोहे बिटिया न कीजो चाहे नरक दीजो डार।

ढोलक की थाप पर सदफ़-आरा और कुमारी जलबाला लहरी की सुरीली आवाज़ें और एक दिलदोज़[2] पूरबी गीत ··· अगले जनम मोहे बिटिया न कीजो ··· अगले जनम ···

---

1. सहानुभूति के नाते; 2. हृदयविदारक।

स्विंग बर्ड्स म्यूज़िक स्कूल के कमरे में एक लड़की टेपरिकार्ड चला रही थी। सदफ़-आरा और जमीलुन बरामदे में चटाई पर बैठी थीं। जमीलुन की बैसाखी सामने धरी थी। सदफ़ थाली में तरकारी काट रही थी। वर्मासाहब बाहर गए हुए थे।

"आज पंद्रह तारीख़ है। क़मरून अब कराची पहुँच गई होंगी," सदफ़ ने आलू छीलते हुए कहा।

"क्या पता !" जमीलुन आहिस्ता से बोली। "कब तक पहुँचेंगी। धक्का पासपोर्ट से गई हैं। खोखरापार का रास्ता सुना है बड़ा जान जोखों का सफ़र है। जवान बेटी का साथ।".

"आज की बात है जब माहपारा पैदा हुई थी ! सोलह बरस हो गए," सदफ़ ने कहा।

"अब क्या वह बजिया को पहचानेगा ! रूपा हो गए केस[1] ··· सदफ़, हम जानते हैं बाज़ गीत ही मनहूस होते हैं। बजिया हर प्रोग्राम में वही एक राजस्थानी माँड सुनाया करती थीं। सावन बीतो जाय ··· आलीजाह बेगी आवदरे ··· आलीजाह बेगी आवदरे ··· रूपा[2] मिला न साजन मिले, रूपा हो गए केस ··· आलीजाह बेगी हरामज़ादे उल्लू के पट्ठे को न वापस आना था न आया ··· अरे, एक ख़त तक न लिखा ···"

"शुरू-शुरू में दो-चार चिट्ठयाँ तो आई थीं," सदफ़ ने कहा।

"उसके बाद गोल ··· बजिया ने कितने ख़त लिखे ! हर पते पर ··· कराची ··· तेहरान ··· लंदन ··· सत्रह बरस डाकिये की राह देखते गुज़ार दिए। सुबह-शाम दरवाज़े पर जाकर डाक का इंतज़ार करतीं। हमसे बार-बार पूछतीं, कोई डाक आई ··· कोई तार आया। सत्रह बरस ··· इतना बड़ा इंतज़ार !"

"बहुत बड़ा इंतज़ार !" सदफ़ ने दुहराया।

"जब माहपारा पैदा हुई थी, याद है वर्मासाहब ने फट से उसका नाम तजवीज़ा था ··· माहदुख़्त ··· कि ईरानी की बेटी है, उसका नाम माहदुख़्त ··· और एक नाम अमरापाली रखा था। एक ईरानी नाम रखो, एक हिंदुस्तानी। और जब बाप के पास जाकर रहेगी इंग्लैंड, एक इंगलिश नाम वहाँ

---

1. बाल चाँदी के हो गए; 2. रुपया।

रख लेगी।" जमीलुन बेपायाँ[1] तलख़ी से हँसी। "माहपारा अपने स्कूल में लड़कियों से कहा करती थी, हमारे डैडी लंदन और कराची के बड़े भारी बिज़नेसमैन हैं।"

"वर्मासाहब कोई तोहफ़ा उसके लिए फ़ारेन से लेकर आते, उसे समझा देते। बिटिया अमरापाली, स्कूल में अपनी दोस्तों को बताना तुम्हारे डैडी ने लंदन से भेजा है," सदफ़ ने कहा और दुपट्टे से अपने आँसू पोंछे।

"सदफ़, बजिया को ढोंगी पीरों-फ़कीरों के चक्कर में तुमने ही डाला।"

"हम क्या करते जमीलुन ! क़मरून माहपारा की वजह से बिलकुल ख़फ़क़ानी[2] हुई जाती थीं। हमसे रोज़ कहतीं, माहपारा बड़ी होती जा रही है। कहीं उसे भी मेरी तरह ज़िंदगी न गुज़ारनी पड़े। मैं चाहती हूँ, उसे किसी न किसी तरह उसके बाप के सुपुर्द कर दूँ। जमीलुन तो खुदा ही को नहीं मानतीं, उनसे क्या कहूँ। तुम किसी पहुँचे हुए बुज़ुर्ग के पास ले चलो। यह तो अबकी बात है जब माहपारा तीन साल की थी। तब क़मरून एक शाहसाहब के पास गई थीं। हमें भी साथ ले गई थीं ··· उनकी बहुत धूम सुनी थी। उन्होंने क़मरून से कहा, तुम्हारे ऊपर किसी दुश्मन ने जादू कर दिया है। रास्ते बंद कर दिए हैं। तुम्हारे बाल कहीं पर दफ़्न किए गए हैं। तीन सौ रुपया दो। क़ब्रिस्तान में तीन दिन अमल करेंगे। हम तो यह सुनकर डर गए। हमने क़मरून से कहा, वापस चलो ··· हम तो आ गए मगर वह फिर पहुँचीं उसके पास। उससे मायूस हुईं तो दूसरे आमिलों के पते ढूँढ-ढूँढकर खुद जाने लगीं ··· कितना रुपया बरबाद किया। तुमसे डरती थीं। तुम्हें क्या बताएँ। हमने बहुत समझाया मगर वह मानी ही नहीं। बस यही लगन लगी थी कि शबदेग का ख़त आ जाए। वह बुला ले। बुलाकर ब्याह कर ले या माहपारा की ज़िम्मेदारी सँभाल ले। सारे पीर-फ़क़ीर, नजूमी,[3] रम्याल[4] उन्हें यही आस दिया किए। आज से इक्कीसवें दिन ख़ंत आवेगा। आज से सातवीं रात वह ख़्वाब में आएँगे। आज से चालीसवें दिन ख़त आवेगा। सनीचर की साढ़-सत्ती है। वह ख़त्म होगी तो मुराद पूरी होगी ··· अरे कितना सैकड़ों-हज़ारों रुपया खिला दिया उन ठगों को ··· मगर आस न टूटी ···"

---

1. अथाह; 2. परेशानहाल; 3-4. ज्योतिषी।

"इस पीरगर्दी में बजिया ने अपने ज़ेवर भी बेच डाले। पूरा एक सेट बनवा लिया था जड़ाऊ ··· एक जोड़ा कड़े ठोस। तुम्हारे ही साथ जाकर तो बनवाए थे। हमने यह देखा कि कहीं जाती हैं तो गहने नहीं पहनतीं। हमने पूछा तो कहने लगीं, माहपारा के लिए बैंक के लाकर में रख दिए हैं। अब उनके पाकिस्तान जाने के बाद ख़बरें मिल रही हैं कि सारे गहने बेचकर एक ठग पीर फुलफुलशाह बिल्लियोंवाले को खिला दिए। वह बरसों से उनके लिए बहुत लंबे-लंबे अमल कर रहा था।

"एक बात है जमीलुन। उन्हीं फुलफुलशाह ने उनको कराची जाने की राय दी।"

"कहाँ रहता है ? मेरा बस चले तो जेल भेजवा दूँ ···"

"बख़्शी के तालाब पर रहता था। अब ग़ायब है। हमसे एक रोज़ क़मरून ने आकर बहुत खुशी-खुशी बताया कि फुलफुलशाह कहते हैं, 'लड़की को लेकर पाकिस्तान चली जाओ। हमने ज़ायचा[1] बनाया है। उसके सितारे तगड़े हैं। कराची पहुँचते ही गौहरे-मुराद[2] हासिल होगा। महबूब का सर तुम्हारे क़दमों पर होगा !' अब हम तो यह कहते हैं जमीलुन, हो सकता है कराची में शबदेग से मुलाक़ात हो जाए। अपनी लड़की को देखकर ही उन्हें दया आ जाए। और कुछ नहीं तो माहपारा के नसीब ही अच्छे निकलें। उनका वहाँ ब्याह हो जाए। हम तो दोनों जब से गई हैं, रोज दुआएँ माँग रहे हैं। कभी-कभी भगवान सुन भी लेते हैं।"

"अच्छा ···? तुम अपने लिए इतनी मुद्दतों से दुआएँ माँग रही हो। वह तुम्हारे भगवान ने सुनी ?" जमीलुन ने पूछा।

सदफ़ सर झुकाए तरकारी काटती रही।

"वर्मासाहब नहीं आए अब तलक। हम चलें," जमीलुन ने अपनी बैसाखी उठाते हुए कहा।

"अपनी परेशानियों में घूम रहे हैं। जबसे उनके बाप मरे हैं, वह बाप की बिज़नेस सँभालें कि·स्विंग बर्ड्स को देखें। कल कह रहे थे, इसको बंद ही कर देंगे।"

---

1. जन्मपत्री; 2. इच्छापूर्ति रूपी मोती।

"फिर तुम कहाँ जाओगी ? उनकी माताजी तो तुम्हें कुबूलने के लिए अब तक राज़ी नहीं हुईं।"

"जहाँ हमारे मुक़द्दर में होगा जमीलुन, हम वहाँ जाएँगे।"

"हमें रिक्शे तक पहुँचा दो सदफ़ ··· बजिया अगर कराची पहुँच गई हैं तो वहाँ धक्के खाती फिर रही होंगी। अब हम घर जाकर उनके ख़त का इंतज़ार शुरू करेंगे।"

8

प्यारी बजिया, तसलीम।

आपको यहाँ से गए एक साल हो गया। ख़ैरियत से पहुँचने का सिर्फ़ एक पोस्टकार्ड आया था। और उसके चार महीने बाद एक और पोस्टकार्ड। हम और ख़ाला फ़िक्र से अधमुए हुए जा रहे हैं। अज़-बराय-खुदा सब मुफ़स्सल[1] हालात लिखिए। शायद आपने मकान तब्दील कर लिया है। हम आपको जितने ख़त भेजते हैं, जवाब नहीं आता। सदफ़ भी कई ख़त लिख चुकी हैं। अब यहाँ के हालात सुनिए। बड़े अफ़सोस से इत्तला देती हूँ कि ख़ालू का बुध को इंतक़ाल हो गया। कल मस्जिद में सोयम[2] की कुरआनख़ानी, फ़ातिहाख़ानी[3] भी करवा दी गई। बजिया, दूसरी बुरी ख़बर यह सुनाती हूँ कि तुम्हारा लड़का आफ़ताब एक रोज़ मुझ जागती की सोने की दोनों चूड़ियाँ जो तुम बनवा गई थीं कलाइयों में से नोचकर ले भागा। मैं जन्म की अपाहिज। उसके पीछे दौड़ भी न सकी। ख़ाला हाँय-हाँय करतीं रह गईं। याद है, पहले कहा करता था फ़रहादसाहब के पेट में छुरा घोंप दूँगा। उनकी लड़कियों को गुंडों से उठवा लूँगा। अब तुम्हारे जाने के बाद धुन सवार थी कि बंबई जाकर हीरो बनूँगा। मेरी चूड़ियाँ उड़ाकर बंबई भाग गया। सुना है वहाँ चाकू-छुरी लिए गुंडागर्दी करता फिर रहा है।

फ़रहादसाहब की नई कोठी बटलर पैलेस कालोनी में बनकर तैयार हो

---

1. विस्तृत; 2. तीजा; 3. कुरआन शरीफ़ और फ़ातिहे का पाठ।

गई है। वह उसमें उठ गए हैं। उनकी बड़ी लड़की जिसकी शादी इंग्लैंड में किसी डाक्टर से हुई थी, वहीं पर है। छोटी जो ब्याहकर कराची गई थी, शायद तुम्हारी कभी मुठभेड़ हो जाए। सुना है, उसका शौहर वहाँ करोड़पति है। मँझलीवाली आजकल लखनऊ में है। उसके शौहर ने सीतापुर में बड़े पैमाने पर फ़ार्मिंग शुरू कर दी है। फ़रहादसाहब ने ख़ालू के कफ़न-दफ़न के लिए पाँच सौ रुपए भिजवाए थे। जो उनका मुलाज़िम पैसे लेकर आया था उसने यह सब बतलाया।

बजिया, तुम्हें याद है माहपारा के बाप के लखनऊ से जाने के चंद रोज़ बाद हम लोग सब वर्मासाहब के हाँ जमा थे। तुमने कहा था, पता नहीं हमारी माँ, ख़ाला और हम दोनों इतने बदनसीब क्यों पैदा हुए तो मैंने तुमसे कहा था ज़रा दुनिया के अस्ल बदनसीबों को देखो। जनम के अंधे, ढाई फुट के बौने-बौनियाँ, कुबड़ी लड़कियाँ, पीठ पर बड़े-बड़े कूबड़ या चेहरे पर चेचक के निशान। भैंगी-कानी। हम ही को देख लो कि उचक-उचककर चलते हैं। कम-अज़-कम तुम्हारी सूरत अच्छी है। और देखो मुर्दाशोनियाँ[1], भिखारनें, जेल काटनेवाली औरतें, फ़र्ज़ करो तुम किसी क़त्ल के मुक़द्दमे में फँस जातीं और उम्र-क़ैद होती। दुनिया में हज़ारों क्या, लाखों इनसान उम्र-क़ैद काट रहे हैं। सैकड़ों चढ़ते हैं। क़त्ल किए जाते हैं। तुम और हम तो लाखों से बेहतर हैं, अपने से बदतर लोगों पर नज़र करो।

वर्मासाहब ताली लगाकर बोले, शाबाश जमीलुन, That's the spirit... लेकिन अब बजिया, हमारी स्पिरिट का भी कचूमर निकलता जा रहा है। कहाँ तक और कब तक !

उसी रोज़, तुम उस कमबख़्त आग़ा शबदेग की ख़ानगी[2] की वजह से बहुत उदास बैठी थीं तो वर्मासाहब ने तुम्हें Cheer up करने के लिए छेड़ा था कि रश्के-क़मर तुम गौहरे-शबचिराग़ के लिए एक अफ़साना लिखो। अफ़साना लिख रही हूँ दिले-बेक़रार का। आँखों में रंग भरके तेरे इंतज़ार का ··· तो मैंने चिढ़कर कहा था अफ़साना लिखें बजिया के दुश्मन। और मुई आँखें न हुईं बालटियाँ हो गईं। बालटियों में रंग भरके तेरे इंतज़ार का। सब ख़ूब हँसे थे।

---

1. मुर्दे नहलानेवाले 2. रखैलपन।

तुम भी हँस पडी थीं। फिर वर्मासाहब खुद ही कहने लगे, वाक़ई तुम दोनों की ज़िंदगियाँ तो ऐसी हैं कि कोई ग्रीक ट्रेजेडी भी उसके मुक़ाबले में पिकनिक मालूम हो। मैंने पूछा, ग्रीक ट्रेजेडी कैसी होती है। तुमने कहा था, वही जो हमारे मुक़ाबले में पिकनिक मालूम हो।

वर्मासाहब बोले, 'तुम लोग तनहा नहीं हो। हमारे समाज में ज़्यादातर औरतों की ज़िंदगियाँ हमेशा से ट्रैजिक रही हैं और उन्हें मज़ीद[1] बेवकूफ़ बनाने के लिए उन्हें सती-सावित्री, वफ़ा की पुतली, ईसार[2] की देवी के ख़िताब दे दिए जाते हैं और वो खुश हो जाती हैं।'

'निहायत उल्लू की पट्ठियाँ हैं,' मैंने जलके कहा था। कहने लगे, 'लड़की पैदा होती है तो उसकी माँ रोती है कि जाने कैसा नसीबा लेकर आई है। विदा होती है तो माँ पछाड़ें खाती है कि न जाने ससुराल में उस पर क्या बीतेगी। कभी तुमने किसी अंग्रेज़ या अमरीकन या यूरोपियन लड़की को देखा या सुना है कि उसके ब्याह पर वह खुद या उसके माँ-बाप धाड़ें मार-मारकर रोते हों। फिर हमारी हिंदुस्तानी औरत बेवा होती है तो दरअस्ल पछाड़ें इसलिए खाती है कि उसके रोटी-कपड़े का सहारा ख़त्म हुआ।'

मगर बजिया, उन सबके दाँत दिखाने के और, खाने के और। वर्मासाहब ने हमेशा इसी तरह बड़ी ऊँची-ऊँची बातें कीं मगर खुद सदफ़ से ब्याह न किया। ऐसी वफ़ादार औरत जिसने बीस-इक्कीस बरस उनके पाँव धो-धोकर पिए, किसी दूसरे पर नज़र न डाली, उसे उन्होंने पिछले दिनों पुरानी जूती की तरह उतार फेंका।

चुनांचे अब एक नहीं बल्कि दो ज़ोरदार ख़बरें भी सुन लो। श्री नरेंद्रकुमार वर्मा को एक दौलतमंद गुजरातन लेडी डाक्टर ने अगवा कर लिया। विलायत से आई थी। यह मौटी भैंस की भैंस। वर्मासाहब पर खूब डोरे डाले। बहुत अमीर औरत है। बाप अहमदाबाद में मिल-ओनर है। वर्मासाहब की स्विंग बर्ड्स इंटरप्राइज़ेज़ अब तक़रीबन ठप हो चुकी है। अपना ख़ानदानी बिज़नेस वह घाटे से चला रहे थे। गौहरे-शबचिराग़ भी बंद हो गया। उसमें बहुत रुपया इतने बरसों डुबोया। शायद यही सब सोचकर डाक्टरनी से शादी

---

1. और अधिक; 2. त्याग।

कर ली। वह उन्हें रुख़सत कराके अहमदाबाद ले गई। बजिया, तुम सोच सकती हो सदफ़ का क्या हाल होगा। बहुत बुरा हाल था। चहको-पहको रोती थी। लेकिन वर्मासाहब ने कुछ रुपया उसके नाम से जमा कर दिया था। उसने दो कमरों का एक फ़्लैट ले लिया। उसमें उठ गई। यह कोई छः महीने की बात है। मगर अब जो क़िस्सा सुनाती हूँ उसपे सर धुनो। अभी चार महीने हुए, लखनऊ में हिंदुस्तानी लोकसंगीत पर एक इंटरनेशनल कांफ़्रेंस हुई। मुझे और सदफ़ को भी मदऊ[1] किया गया। कांफ़्रेंसवाले मुझे कुर्सी पर बिठाकर ले गए। मेरे अंदर अब गाने की ताक़त तो रही नहीं, बस बैठी टुकुर-टुकुर सबके मुँह देखा की। कांफ़्रेंस में फ़ारेन के लोग भी आए थे। एक उर्दू-हिंदीदाँ अमरीकन भी था। बजिया, वह अमरीकन सदफ़ पर लट्टू हो गया। जितनी देर उन्होंने गाया, वह बिलकुल उल्लुओं की तरह मुँह खोले उनको तकता रहा। कांफ़्रेंस के बाद बार-बार मिला। पंद्रहवें दिन उनको कोर्ट में ले जाकर सिविल मैरेज कर ली। सदफ़ से तीन-चार साल छोटा ही होगा। (याद है, वर्मासाहब कहा करते थे हमारी सरवन पे कोई फ़िरंगी आशिक़ हो गया, हम जाकर उसे क़त्ल कर देंगे !) शादी के तीसरे दिन सदफ़ उसे लेकर हमसे मिलाने लाई। कहने लगी यह हमें सेडी कहते हैं। 'कहते हैं मिस सेडी थांप्सन' किसी अंग्रेज़ के मशहूर नावेल की हीरोइन है। मैंने दिल में सोचा, यह वर्मासाहब को बतानेवाली बात है। वह फटाफट नाम तजवीज़ करने के बड़े शौक़ीन थे। मगर वर्मासाहब अब कहाँ ! अहमदाबाद में बैठे ससुरे का बही-खाता देख रहे होंगे।

आज पंद्रह दिन होते हैं कि सदफ़ अपने मियाँ के साथ अमरीका चली गईं। चलते वक़्त हमसे लिपटकर और तुम्हें याद करके धारों रोईं। परसों उनका पेरिस से हमारे नाम ख़त भी आ गया।

काश बजिया, इसी तरह तुम्हारे दिन भी फिर जाएँ।

वर्मासाहब का म्यूज़िक स्कूल बंद होने से हमारी वह पेंशन भी अलक़त[2] जो बेचारे ने इतने बरसों दी। तुम्हारे जाने के बाद तो डेढ़ सौ रुपया महीना कर दिया था। फ़रहादसाहब से एक पैसे की मदद हम न लेंगे। बजिया, अब

1. आमंत्रित; 2. बंद।

चला-फिरा बिलकुल नहीं जाता। पलंग पर पड़े-पड़े प्लास्टिक की टोकरियाँ, स्वेटर बुनकर बेचे। अब चिकन काढ़नी शुरू कर दी है। एक साड़ी के दस रुपये। ज़्यादा कढ़त हो तो बीस या पचीस। बहुत दीदारेज़ी का[1] काम है। मगर अब आमदनी का यही ज़रिया है। फ़ाक़ाकशी का वही जमाना वापस आ गया जो बचपन और लड़कपन में था। वाह हमारी भी क्या ज़िंदगी रही !

बजिया, अगर तुम्हारा काम वहाँ न बने तो अज़-बराय-खुदा वापस आ जाओ। ख़ाला दुआ लिखवाती हैं। माहपारा को बहुत-बहुत प्यार।

तुम्हारी जमीलुन्निसा

यह ख़त मकतूब-अलैह[2] के पास नहीं पहुँचा क्योंकि 1971 ई. की इंडो-पाक जंग शुरू हो चुकी थी। और मग़रिबी पाकिस्तान के दरमियान डाक का सिलसिला मुनक़ता[3] हो गया था।

9

मेरी प्यारी बहन जमीलुन्निसा, हज़ारों दुआएँ। मैं जबसे यहाँ आई हूँ, तुमको कई ख़त लिख चुकी हूँ। एक का जवाब नहीं आया। तुम्हारे और ख़ाला-ख़ालू और आफ़ताब बेटे के लिए सख़्त फ़िक्रमंद हूँ। मैंने तुम्हें पहले भी लिखा था, अब फिर ताकीद है आफ़ताब को किसी तरह मार-पीटकर स्कूल भेजती रहो। वर्मासाहब से कहो, उसकी फ़ीस माफ़ करा दें और उसे समझाएँ कि वह पढ़ने में दिल लगाए। वह मेरे सामने ही हद से ज़्यादा आवारा हो गया था।

मैं तुमको यहाँ की दास्तान पूरी लिख चुकी हूँ। यह सोचकर कि शायद वह मुफ़स्सल[4] ख़त तुमको नहीं मिला, अज़-सरे-नौ[5] सारा किस्सा बताती हूँ। मगर तुम मेरी फ़िक्र में कुढ़ना नहीं। इंशाअल्लाह सब ठीक हो जाएगा।

खोखरापार के रस्ते में बरेली के एक गरीब मौलवीसाहब और उनकी बुढ़िया का साथ हो गया था जो अपने बेटे के पास कराची जा रहे थे। बड़े नेक

1. आँख गड़ाने का; 2. जिसको पत्र भेजा जाए; 3. भंग; 4. विस्तृत; 5. नए सिरे से।

लोग थे। मुझसे कहने लगे, तुम औरत ज़ात। जवान-जहान बेटी का साथ। कराची में अकेली कहाँ धक्के खाओगी। जब तक कोई ठिकाना न बने हमारे साथ ही रहो। मैंने उनको यूँ बताया था कि शौहर ने मुझे छोड़ दिया है। वह छः माह कराची, छः माह लंदन रहता है और मैं नान-नफ़के[1] का मुतालबा[2] करने पाकिस्तान आई हूँ। यह सुनकर उन्हें बड़ी हमदर्दी हो गई थी क्योंकि उनकी लड़की को भी उसके ख़ाविंद[3] ने बेकुसूर तलाक़-तलाक़ कहकर धता बताई थी और वह बरेली में पड़ी अपनी जान को रो रही थी।

बहरहाल, तो मैं लालूखेत पहुँची जो यहाँ ग़रीब मुहाजिरों[4] की बस्ती है। उनका बेटा मुहम्मद लतीफ़ ख़ान किसी अमरीकन के हाँ मोटर ड्राइवर था। वह भी बहुत अच्छी तरह पेश आया मगर उसकी बीवी माहपारा और मुझसे जलने लगी। मैंने लतीफ़ भाई से कहा कि जल्द-अज़-जल्द मुझे कहीं खाना पकाने की नौकरी ही दिलवा दें तो मैं उनके घर से चली जाऊँ। वह मेरे लिए नौकरी ढूँढने लगे। हमें वहाँ रहते दस-बारह दिन हुए थे कि एक रोज़ लतीफ़ भाई की दुल्हन ने मीलाद-शरीफ़ किया। उसमें मैंने नातें[5] और सलाम पढ़ा तो बहुत तारीफ़ हुई और मुहल्ले में घर-घर मीलाद-शरीफ़ पढ़ने के लिए बुलाई जाने लगी। यह रबीउल-अव्वल का महीना था। अक्सर मकानों में बीवियाँ मेरी हालत पर तरस खाकर दो-चार रुपये भी दे देतीं। एक बार फिर वह तराई के गाँवों में घूमने का ज़माना लौट आया। क्या अल्लाह की शान है !

एक रोज़ एक महफ़िले-मीलाद में दुरूद-शरीफ़ पढ़ा जा रहा था कि बाहर एक मोटर आनकर रुकी और उसमें से कुछ ग़ैर-मुल्की कैमरा सँभाले उतरे। मैं समझी, लतीफ़ भाई जहाँ मुलाज़िम हैं, वह लोग हैं। बाहर गई। वो यूरोपियन टूरिस्ट थे। उस वक़्त औरतें सेहन में ज़ोर-ज़ोर से दुरूद-शरीफ़ पढ़ रही थीं। उन लोगों में से एक ने जिसके लंबे-लंबे सुर्ख़ बाल थे और नीचे को झुकी हुई मूँछें, मुझे बुलाकर अंग्रेज़ी में पूछा, "यह आल महमडन क्या है ?" पहले तो मैं चकराई, फिर ख़याल आया कि आले-मुहम्मद उनकी समझ में All Mohammadan आया है। तौबा-तौबा। इतने में माहपारा आ गई।

---

1. ख़र्चा-पानी; 2. माँग; 3. पति; 4. शब्दशः देशत्यागी (भारत से पाकिस्तान जाकर बसे लोग); 5. पैग़ंबर मुहम्मद साहब की प्रशंसा में कही गई कविताएँ।

उसने अंग्रेज़ी में समझाया कि हम लोगों की रिलीजियस मीटिंग हो रही है। लाल मूँछोंवाला माहपारा को देखता का देखता रह गया। मुझसे पूछा कि मेरी लड़की है ! मैंने कहा, "यस।" इजाज़त चाही, तसवीर खींच सकता हूँ। "स्टनिंग पर्शियन ब्यूटी।" मैंने सर हिला दिया। उसने फ़ौरन कई तसवीरें उतार लीं। अब हमारे गिर्द भीड़ इकट्ठा हो गई। लाल मूँछोंवाले ने अपना कार्ड माहपारा को दिया कि फ़लाँ होटल में कल सुबह दस बजे आए। वह और तसवीरें खींचेगा, किसी फ़ारेन मैगज़ीन के लिए, और उसका बहुत अच्छा मुआवज़ा देगा। माहपारा फ़ौरन राज़ी हो गई। लेकिन मुझे ख़याल आया कि लतीफ़ भाई से पूछ लेना ज़रूरी है। मैंने माहपारा से कहा, उससे कह दे कल फ़ोन करके बता देगी कि आ सकती है या नहीं। चंद मिनट बाद वो लोग चले गए। शाम को जब लतीफ़ भाई घर आए मैंने उनसे ज़िक्र किया। वह बरेली के पठान आदमी और मौलवी के बेटे। एकदम लाल-पीले हो गए। कहने लगे, यह लड़की की बरबादी की तरफ़ पहला क़दम होगा। तुम्हें मालूम है, ये लोग फ़ारेन रिसालों के लिए किस क़िस्म की तसवीरें खींचते हैं ? अगर तुमको अपनी और माहपारा क़ी आफ़ियत[1] मंजूर है और यह चाहती हो कि अपने ख़ाविंद पर नान-नफ़क़े का दावा कर सको तो शराफ़त से रहो। मैंने एक जापानी के यहाँ आयागीरी का बंदोबस्त कर दिया है। वहाँ चली जाओ। वह लोग क्वार्टर भी देंगे। लड़की अपुवा के किसी इंडस्ट्रियल होम में काम सीख सकती है। अंग्रेज़ी स्कूल में पढ़ सकती है। किसी नर्सरी स्कूल में मुलाज़मत मिल जाएगी। मैं कोशिश करूँगा। मैंने उस शरीफ़ इनसान की बात मान ली और माहपारा को होटल जाने से सख़्ती से मना कर दिया। मगर वह सुबह-सवेरे ही चुपके से भाग गई और फिर कभी लालूखेत वापस न आई।

आगे की दास्तान बहुत लंबी है, मुख़्तसर[2] करती हूँ। माहपारा को उसी फ़ाइव स्टार होटल में ग़ैर-मुल्कियों के साथ देखा जाने लगा। वह कहाँ रहती थी और क्या करती थी, किसी को मालूम नहीं। बहुत दिनों बाद मुझे जापानियों के हाँ फ़ोन किया जहाँ मुझे लतीफ़ भाई ने आया की नौकरी दिला दी थी। मैंने अपना नाम मोना रख लिया। पुराना शनासा[3] देख ले तो मोना

---

1. ख़ैरियत; 2. संक्षिप्त; 3. परिचित।

आया को भला क्या पहचानेगा ! मैंने आग़ा शब-आवेज़ हम्दानी की तलाश जारी रखी। जगह-जगह फ़ोन किए। मालूम हुआ कि वह अब मुस्तक़लन[1] लंदन में रहते हैं। तो फिर वहाँ ख़त लिखे,और हस्बे-मामूल[2] जवाब का इंतज़ार शुरू किया और हस्बे-मामूल महरूम[3] रही। एक रोज़ माहपारा ने बहुत बेचैन आवाज़ में फ़ोन किया कि फ़लाँ होटल में कोई आग़ा हम्दानी तेहरान से आकर ठहरे हैं, मैं तो उनसे मिलने नहीं जाऊँगी, तुम हो आओ। शायद डैडी हों। मैंने फ़ौरन अपनी जापानी मेम से छुट्टी ली। बरसों बाद सिंगार-पिटार करके अच्छी सारी पहनकर धड़कते दिल से उस होटल पहुँची। रिसेप्शन काउंटर पर आग़ा हम्दानी के कमरे का नंबर दरियाफ़्त किया। मेरे हवास बाख़्ता हो रहे थे।[4] रंग फ़क़ था। काउंटर की लड़कियों ने ताज्जुब से मुझे देखा। इत्तफ़ाक़ से उसी वक़्त आग़ा हम्दानी आ गए। वह शब-आवेज़ के बजाय एक पच्चीस-छब्बीस साला नौजवान था। अब मुझे इतनी अंग्रेज़ी न आए, न उन्हें इतनी उर्दू। बहरहाल, मैंने उनसे पूछा आग़ा शब-आवेज़ हम्दानी को जानते हैं, कैसे हैं ? गुफ़्त बाले-बाले[5] खूबे-खूबे[6] लंदन में रहते हैं। टूटी-फूटी उर्दू में बताया। उनकी ख़ानम[7] और मेरी ख़ाला शीराज़ में एक ही दानिशगाह[8] में दानिश[9] जो थीं। यक पिसर दारद[10] वही न ?

फिर आग़ा हम्दानी तो ईरान एयर की कोच की तरफ़ बढ़ गए। मैंने माहपारा का फ़ोन आने के बाद शब-आवेज़ के नाम जो खर्रा लिखा था वह पर्स से निकाला। पुर्ज़े-पुर्ज़े करके वहीं रद्दी की टोकरी में डाल दिया और होटल के बाहर आ गई। अब सुकून है। अब किसी चीज़ का इंतज़ार नहीं। लेकिन अब माहपारा की फ़िक्र खाए जा रही है। वह मुझसे बिलकुल बरगश्ता हो चुकी है।[11] किसी को यह भी नहीं बताती कि मैं उसकी माँ हूँ। कहती है, एक आया को मैं अपनी माँ कैसे बताऊँ। मेरे पास आकर क्यों नहीं रहतीं ! क्यों ढाई सौ रुपये महीने पर नौकरानी बनी अपनी औक़ात खो रही हो ! मेरे पास पैसे की कमी नहीं ··· लेकिन माहपारा के हाँ दौलत की यही फ़रावानी[12] मुझे मारे डाल रही है। वह एक मुश्तबहा[13] क़िस्म के होटल में रहती है और

1. स्थायी रूप से; 2. हमेशा की तरह; 3. वंचित; 4. होश उड़े जा रहे थे; 5. बोले; 6. भले-चंगे, अच्छी तरह; 7. पत्नी; 8. मदरसा; 9. छात्राएँ; 10. एक बाप की; 11. हाथ से निकल चुकी है; 12. अधिकता; 13. संदिग्ध।

तरह-तरह के मुश्तबहा लोगों से उसकी दोस्ती है। कभी कहती है, अपने अरब फ्रेंड के साथ बैरूत जा रही है। कभी फ़ोन करती है कि कैबरे डांस सीखने हांगकांग जानेवाली है। हफ़्तों-महीनों ग़ायब रहने के बाद सूरत दिखाती है तो लगता है, कोई फिल्म स्टार आ गई। बढ़िया विलायती कपड़े, क़ीमती इत्र, नित नये हेयर स्टाइल और विग, बेचारे भाई लतीफ़ ख़ाँ जो वर्मासाहब की तरह नेकदिल आदमी हैं, मुझसे बेहद नाराज़ हैं, कभी मिलते भी नहीं। और मैं क्या मुँह लेकर उनके घरवालों से मिलने लालूखेत जाऊँ! उन सबको माहपारा के मुतल्लिक़ मालूम हो चुका है। मैं माहपारा से एक पैसा नहीं लेती मगर वह तो यही समझते होंगे।

अब जबकि आग़ा शब-आवेज़ की तरफ़ से भी पूरी नाउम्मीदी हो चुकी है, मुझे माहपारा के साथ रहने में क्या आर[1] है ? मेरी समझ में ख़ुद नहीं आता। क्या अम्माँ, हुरमुज़ी ख़ाला और मैंने सारी उम्र वही नहीं किया जो अब माहपारा निहायत आला पैमाने पर बड़े स्टाइल से कर रही है ? मेरी जापानी मेम जिसे मुझसे बेहद हमदर्दी है, मुझे बताया करती है कि टोकियो में एक पूरा इलाका बेहद शानदार गैंज़ा डिस्ट्रिक्ट कहलाता है जिसमें जापान की हज़ारों-हज़ार लड़कियाँ इन्हीं अशग़ाल[2] में मसरूफ़ हैं और पुराने फ़ैशन की बावक़ार[3] गीशा गर्ल्स की जगह ले चुकी हैं।

ठीक है। फिर मुझे माहपारा से पैसे लेते क्यों झिझक आती है ! शायद इसलिए कि हम लोगों ने 'इज़्ज़त' और 'वक़ार'[4] का एक पर्दा अपने सामने लटका रखा था। गो वह पर्दा टाट का था और टट्टी धोखे की। वह धोखा हम अपने-आपको भी देते थे और दूसरों को भी और वह क्या अनोखी वज़ादारी[5] थी। हालाँकि तुम्हें मालूम है, ईरान में 'ख़ानगी' तवायफ़ ही को कहते हैं। अब एक अलल-ऐलान[6] 'हाई क्लास पार्टी गर्ल' की कमाई खाते मुझे शर्म आती है। किस क़दर ग़ैर-मंतक़ी[7] और बेतुकी बात है। और माहपारा की तरफ़ से तशवीश[8] बढ़ती जा रही है। हमारी वो तंगो-तारीक[9] गलियाँ महफ़ूज़[10] थीं और इनसान इतने दरिंदे नहीं थे। आज यह बाहर की खुली फ़िज़ाएँ[11] और

---

1. परेशानी; 2. कृत्यों; 3. सम्मानित; 4. सम्मान; 5. चालचलन; 6. ऐलानिया; 7. तर्कहीन; 8. चिंता; 9. अँधेरी और तंग; 10. सुरक्षित; 11. वातावरण।

यह जगमगाती दौलतमंद दुनिया बेहद पुरख़तर[1] है और इनसान ज्यादा कमीने हो चुके हैं।

बहरकैफ़, मैं अपनी क़िस्मत पर पेचो-ताब खाती हूँ और शायद क़िस्मत ही से इंतक़ाम लेने की ख़ातिर माहपारा से किसी क़िस्म की मदद नहीं लेती।

एक रोज़ इत्तफ़ाक़िया आग़ा फ़रहाद की छोटी लड़की से मुलाक़ात हो गई। मेरी जापानी मेम अपनी किसी अमरीकन सहेली से मिलने गई थी। मैं भी साथ थी। पड़ोस की आलीशान सहमंज़िला[2] कोठी के फाटक पर आग़ा फ़रहाद के छोटे दामाद के नाम का बोर्ड लगा था। मेरी मेमसाहब अमरीकियों से मिलने उनके हाँ चली गई; मैं बाहर धूप में टहलने लगी। टहलते-टहलते पड़ोस में दाख़िल हो गई। कोठी थी कि महल का महल। जैसे अमरीकन रिसालों में तसवीरें होती हैं। बरामदे में पहुँची। संगमरमर का फ़र्श। अंदर झाँका। सफ़ेद 'वाल-टु-वाल' कारपेट; निहायत बढ़िया फ़रनीचर। आग़ा फ़रहाद की लड़की सामने ही नज़र पड़ी। मैं फ़ौरन पहचान गई। कई बार लखनऊ में देखा था। वह सफ़ेद रंग के टेलीफ़ोन पर झुकी 'चिपन डील, चिपन डील' कर रही थी। जी हाँ, हमने सेकंड फ़्लोर के लिए चिपन डील का फ़रनीचर आर्डर किया है। थर्ड फ़्लोर के सिर्फ़ छः कमरों के लिए क्वीन ऐन फ़रनीचर चाहिए। जी हाँ, हमने सारा सामान यूरोप से मँगवाया है। फिर उसकी नज़र मुझ पर पड़ी। दुरुश्ती[3] से पूछा, क्या है ? क्या चाहिए ? मैंने कहा, कुछ नहीं बेगम साहब। आपकी आया से मिलने आई थी। उसने जवाब दिया – उधर जाओ। अंदर कहाँ घुसी आती हो ! मैं बरामदे से उतरकर टहलती हुई फाटक से बाहर आ गई।

मेरी जापानी मेम बहुत अच्छी औरत है। उसने कहा है, यह ख़त अपनी माँ को टोकियो भेज देगी। उसकी माँ उसे तुम्हारे पते पर इंडिया रीडाइरेक्ट कर देगी।

ख़ाला-ख़ालू को दस्तबस्ता आदाब। वर्मासाहब और सदफ़ को सलाम। आफ़ताब बेटे को प्यार। तुम्हें प्यार।

जमीलुन, दुआ करो माहपारा राहे-रास्त पर[4] आ जाए। अब सुना है, वह

---

1. ख़तरों से भरी; 2. तीनमंज़िला; 3. कठोरता; 4. सही रास्ते पर।

स्मगलरों के एक गिरोह में शामिल हो गई है। ख़ुदा करे, यह ख़बर ग़लत हो। मैं तो दुआएँ माँगते-माँगते थकके चूर हो गई।

तुम्हारी बजिया

यह ख़त भी मकतूब-अलैह[1] के पास नहीं पहुँचा क्योंकि जापानी मेम ने उसे अपनी मामा सान को टोकियो भेजा। और जापानी ज़ईफ़ा[2] ने दूसरी डाक के साथ अपनी मेज़ की दराज़ में रख दिया और उसे इंडिया पोस्ट करना भूल गई।

10

पाकिस्तान के उर्दू अख़बारों की एक सुर्खी–क्लिफ़टन पर नौउम्र हसीना का रहस्यपूर्ण क़त्ल, क़ातिल मफ़रूर[3] हैं। लड़की की लाश सुबह चार बजे के क़रीब साहिल[4] पर पड़ी पाई गई। बयान किया जाता है कि यह लड़की ग़ालिबन स्मगलरों के बैनुल-अक़वामी[5] गिरोह से ताल्लुक रखती थी। उसकी माँ एक विदेशी के हाँ घरेलू मुलाज़िमा है। तहक़ीक़ात के बाद जिस वक़्त उस औरत को लड़की की लाश शिनाख़्त करने के लिए बुलवाया गया, वह हिस्टिरियाई रूप में चिल्ला-चिल्लाकर कह रही थी, "वर्मासाहब, आपकी अमरापाली मर गई। वर्मासाहब, आपकी अमरापाली को मार डाला ···" इस वजह से यह शुब्हा ज़ाहिर किया जा रहा है कि दोनों माँ-बेटियाँ भारती जासूस थीं। तहक़ीक़ो-तफ़तीश[6] जारी है।

1. पत्र जिसके नाम लिखा जाए; 2. वृद्धा; 3. फ़रार; 4. तट; 5. अंतर्राष्ट्रीय; 6. छानबीन।

11

पुलिस के मुर्दाघर का एक मंज़र।

"मरनेवाली के बाप का नाम ?" पुलिस-अफ़सर पूछता है।

"बाप का नाम ··· ? कुदरते-खुदा लिख लीजिए।"

"अजीब नाम है।"

"हर नाम अजीब होता है।"

"कुदरते-खुदा बंगाली मालूम होता है।"

"जी हाँ। मुत्वत्तन[1] कलकत्ता। ग़ालिबन इस जहाने-फ़ानी[2] से कूच कर चुके हैं।"

"उनकी क्या क़ौमियत[3] थी ?"

"ब्रिटिश।"

"मक़्तूल[4] का पासपोर्ट नंबर ···"

"सिफ़र[5] ··· सिफ़र ··· सिफ़र।"

"ठीक-ठीक बताओ।"

"लाश का पासपोर्ट नंबर ? ज़ीरो ··· ज़ीरो ··· जीरो ···"

"क्या अब फिर दौरा पड़नेवाला है ?"

"लाश का पासपोर्ट ··· हा ··हा ··· हा ··· सफ़र है दुश्वार। ख़्वाब कब तक ··· बहुत बड़ी मंज़िले-अदम[6] है ··· हा हा ··· नसीम जागो। कमर को बाँधो ··· उठाओ बिस्तर ··· अजी उठाओ बिस्तर कि रात कम है।" औरत अब गाना शुरू कर देती है। पुलिस के लोग उसे आश्चर्य से देखते हैं। "जवानी-ओ-हुस्न, जाहो-दौलत ··· ये चंद अनफ़ास[7] के हैं झगड़े। अजल है इस्तादा दस्तबस्ता, नवेदे-रुख़सत हरेक दम है[8] ··· बसाने-दस्ते-सवाले-साइल तही हूँ हर एक मुद्दुआ से[9] ··· "औरत अब ग्रामोफ़ोन रिकार्ड पर अटकी हुई सुई की तरह बेथकान दुहरा रही है। "सफ़र है दुश्वार ··· सफ़र है

---

1. निवासी; 2. नश्वर संसार; 3. राष्ट्रीयता; 4. बधित; 5. शून्य; 6. परलोक; 7. साँसों; 8. मौत हाथ जोड़े खड़ी है, हर पल विदाई का निमंत्रण है; 9. भिखारी के भिक्षा माँगते हाथ की तरह मैं हरेक मुद्दे से एकदम ख़ाली हूँ।

दुश्वार ···

"बहुत बड़ी मंज़िले-अदम ··· अदम ··· अदम ··· अजी छाप-तिलक सब छीनी मोसे नेहा लगाय के ··· छाप-तिलक – खुसरो निज़ाम के बलि-बलि जाऊँ ··· बलि बलि बलि बलि बलि।" उसने फिरकी के मानिंद चक्कर लगाना शुरू कर दिया। उसका जूड़ा खुल गया और लाँबे बाल शानों पर बिखर गए। अब वह ज़बान निकालकर लट्टू की तरह घूमने लगी ··· जैसे ज़िंदगी के मरघट पर काली नाचती हो।

दो सिपाही उसे ब-दिक़्क़त[1] पकड़कर बाहर एंबूलेंस की तरफ़ ले गए।

12

नूरे-इस्लाम मुसाफ़िरख़ाना, मुहम्मद अली रोड, बंबई के क्लर्क ने पूछा, "पाकिस्तानी ?" और रजिस्टर खोला।

"पता नहीं, पाकिस्तानी कि हिंदुस्तानी। दरअस्ल जहन्नमी ···"

क्लर्क ने नई आनेवाली औरत को ताज्जुब से देखा।

"आपने मुझे पाकिस्तानी क्यों समझा ··· ? क्या मेरे माथे पर लिखा है ?"

"जी नहीं बेगम साहब, आप चारों तरफ़ ऐसे देख रही थीं जैसे बाज़[2] पाकिस्तानी जो पहली बार यहाँ आते हैं, हर चीज़ को शुब्हे की नज़र से ···"

"मैं सारी दुनिया को शुब्हे की नज़र से देखती हूँ ··· क्या पता, आप भी अभी जासूस समझकर मुझे हवालात में बंद करा दें ··· दीवानी क़रार देकर पागलख़ाने भेज दें ··· मेरी पीठ में छुरा घोंपकर मेरी लाश साहिल[3] पर फेंक दें। मेरा ज़ेवर लूट खाएँ। मुझे फ़रेब में मुब्तला[4] रखें। मेरे मुँह पर कालिख पोत दें। मैं हज़ारों ख़त लिखूँ, एक का जवाब न दें।"

क्लर्क घबराकर मैनेजर को बुलाने के लिए उठा।

"घबराइए नहीं। अब मैं बिलकुल अच्छी हूँ। यह मेडिकल सर्टीफिकेट देख लीजिए।" उसने पर्स खोला ··· फिर बंद कर दिया। "एक फ़ोन कर

---

1. कठिनाई से; 2. कोई-कोई; 3. तट; 4. ग्रस्त।

सकती हूँ ···"

"ज़रूर ··· " क्लर्क ने कहा।

औरत टेलीफ़ोन डायरेक्टरी में नंबर तलाश करने लगी। चंद मिनट बाद उसने एक नंबर डायल किया।

"हलो ··· हलो ··· शेख़ ताऊस हैं ?"

"जी मैं हाज़िर हूँ। फ़रमाइए। कौन साहब ?"

"जी, मैं रश्के-क़मर बात कर रही हूँ।"

"ओ हो ··· रश्के-क़मर साहिबा ··· यह ईद का चाँद कहाँ से निकल आया! सुना था, आप कराची चली गई थीं।"

"जी हाँ। आज सुबह दस बजे वहाँ से वापस आई हूँ।"

पच्चीस बरस पहले जब वह आग़ा फ़रहाद के साथ बंबई आई थी, शेख़ साहब के यहाँ कई महफ़िलें रही थी। शेख़ ताऊस भी उस ज़माने में अफ़साने लिखते थे और शेर कहते थे। ताऊस[1] तख़ल्लुस[2] था। अरसे से अदब से तायब हो चुके थे[3] और लोहे के बड़े भारी ब्यौपारी थे मगर कभी-कभी अदबी महफ़िलें मुनअक़िद[4] करते थे और शायरों वग़ैरह की सरपरस्ती फ़रमाते थे। "तो फ़रमाइए कब मिलेंगी ?" उन्होंने पूछा। "इत्तफ़ाक़ से ग़रीबख़ाने पर कल ही एक नशिस्त[5] है। आपका क़याम[6] कहाँ है ?"

"नूरे-इस्लाम मुसाफ़िरख़ाना ···"

"ओह ···"

अगर वह ओबराय शेरटन या ताज में ठहरी होती तो शेख़ ताऊस कहते, मैं खुद कार लेकर आपको लेने आऊँगा। अब उन्होंने ज़रा सर्द-मेहरी से[7] जवाब दिया, "अच्छा तो कल आप सात, साढ़े सात तक आ जाइए। मैं वरली सी फ़ेस पर रहता हूँ। आपको बस आसानी से मिल जाएगी। मेरा पता लिख लीजिए।"

दूसरी शाम वह मुसाफ़िरख़ाने के क्लर्क से बसों के नंबर दरियाफ़्त करके एक बस स्टाप पर जा खड़ी हुई। बहुत लंबा क्यू था। आध घंटे बाद वह एक ग़लत बस पर चढ़ गई। वह बंबई के रास्तों को नहीं जानती थी। ग़लत बस

---

1. मोर; 2. उपनाम; 3. तौबा कर चुके थे; 4. आयोजित; 5. बैठक; 6. निवास; 7. ठंडेपन से।

स्टाप पर उतर गई। दूसरी बस में सवार हुई। उसने हाजी अली पर उतार दिया। उस वक़्त तक वह थककर चूर हो चुकी थी। ताज़ा-दम होने के लिए समंदर की दीवार पर बैठ गई। सामने एक टापू पर हाजी अली की ख़ूबसूरत सफ़ेद दरगाह बुक़ा-ए-नूर[1] बनी हुई थी। जुमेरात[2] की शाम थी और लोगों के ठठ के ठठ पानी पर बने हुए तवील[3] रास्ते पर से गुज़रते दरगाह की सिम्त[4] जा रहे थे। उसने दूर ही से फ़ातिहा पढ़ी और एक बुर्क़ापोश औरत से वरली सी फ़ेस का रास्ता पूछकर पैदल चलना शुरू किया। कुछ देर बाद एक आलीशान इमारत के सामने पहुँची। शेख़ ताऊस का बढ़िया फ़्लैट पाँचवीं मंज़िल पर था। ड्राइंगरूम में महफ़िल गर्म थी। रश्के-क़मर अपने खिचड़ी बालों, मामूली सारी, बुझी हुई शख़्सियत[5] की वजह से म्यूनिसपैलिटी की स्कूल टीचर मालूम हो रही थी। बल्कि उनमें से एक ने पूछ भी लिया, "क्या आप किसी स्कूल में पढ़ाती हैं ?" साहबे-ख़ाना[6] और अल्ट्रा-फ़ैशनेबुल बेगम ताऊस ने भी किसी ख़ास गर्मजोशी का इज़हार[7] न किया और एक-दो ग़ज़लें सुनकर मेहमानों ने रस्मी वाह-वाह के बाद नज़रअंदाज़ कर दिया। वह एक कोने में ख़ामोश बैठी रही।

रात के दस बज चुके थे। लोग डिनर के लिए उठे। उस वक़्त एक साहब उससे बातें करने लगे। वह दिल ही दिल में उनकी बहुत मशकूर[8] हुई। वह प्लेटें लेकर उसके साथ समंदर की ओर एक दरीचे[9] में आ बैठे। वह ख़ाँसाहब, ख़ाँसाहब कहला रहे थे और निहायत माकूल और भले आदमी मालूम होते थे। खाना ख़त्म करते ही उन्होंने साहबे-ख़ाना से इजाज़त चाही। "मुझे अपने काम के सिलसिले में ठीक साढ़े ग्यारह बजे एक जगह पहुँचना है। मैं कोलाबा में रहता हूँ। आप कहाँ जाएँगी ?" उन्होंने रश्के-क़मर से दरियाफ़्त किया।

"मुहम्मद अली रोड ···"

"मुझे भी साउथ बांबे जाना है। लेकिन रास्ते में ज़रा-सा काम है। उसके बाद आपको पहुँचा दूँगा। आपको कोई एतराज़ तो नहीं ?"

वह नीचे आकर ख़ाँसाहब की कार में बैठी। ख़ाँसाहब ने इंजन स्टार्ट

---

1. प्रकाश-स्तंभ; 2. बृहस्पतिवार; 3. लंबे; 4. तरफ़; 5. व्यक्तित्व; 6. गृहस्वामी; 7. अभिव्यक्ति; 8. कृतज्ञ; 9. खिड़की; छोटा दरवाज़ा।

करते हुए कहा, "क़मर साहिबा ··· मैं इंप्रसारियो हूँ ··· artistes में deal करता हूँ। मुझे ऐसा महसूस होता है कि आप सिर्फ़ रस्मी क़िस्म की शायरा नहीं, परफ़ार्मिंग आर्टिस्ट हैं या रह चुकी हैं और इस वक़्त किसी वजह से बेहद परेशान हैं। क्या मैं आपकी किसी तरह से मदद कर सकता हूँ ?"

"आपने शायद सुना हो। मैं एक ज़माने में रेडियो पर गाया करती थी।"

ख़ाँसाहब ने कार चलाते-चलाते चुटकी बजाई, "देयर यू आर ··· मेरा अंदाज़ा ग़लत नहीं होता ··· अगर आप मुनासिब समझें, अपनी परेशानी की वजह बतला दें ··· यू सी मिसेज ··· क़मर ··· मेरी जो लाइन है उसमें मैंने आर्टिस्टों की दुखी ज़िंदगियों के इतने वाक़ियात देखे हैं कि मेरे अंदर ··· यूँ कहना चाहिए कि एक क़िस्म की वुसअते-नज़र[1] पैदा हो गई है और जिस तरह इनसान इनसान को सताता है उसकी कमीनगी और नीचता पर मैं मुतहय्यर[2] भी नहीं होता।"

"मेरे हालात तो ठीक हैं। सिर्फ़ सफ़र की थकान है।"

ख़ुद्दार औरत है, ख़ाँसाहब ने दिल में सोचा। ख़ामोशी से रास्ता तय करने लगे। मेरीनड्राइव पर से गुज़रते हुए उन्होंने घड़ी देखी और कहा, "आइए, कहीं चलकर कॉफ़ी पी लें।" वह ओबराय शेरटन पहुँचे। रेस्तराँ में जाकर कॉफ़ी का आर्डर दिया और चुपचाप बैठ गए। शरीफ़ और दर्दमंद आदमी हैं। वर्मा और लतीफ़ ख़ाँ की तरह, रश्के-क़मर ने सोचा। फिर खुद ही बताना शुरू किया।

"मेरे शौहर मुझे छोड़कर लंदन चले गए थे। मैं उनके रिश्तेदारों के पास कराची गई। लड़की को लेकर ··· वहाँ उसकी शादी कर दी। अब वापस आ गई हूँ।"

जहाँदीदा[3] ख़ाँसाहब उसकी आवाज़ से समझ गए कि वह सच नहीं बता रही। और अधिक कुरेद करके उसे मुज़्तरिब[4] करने के बजाय नरमी से पूछा, "अब क्या इरादा है ?"

"पता नहीं, लखनऊ जाकर सोचूँगी।"

"आप क़व्वाली गाना पसंद करेंगी।" फिर खुद ही ख़याल आया कि यह

---

1. दृष्टि की व्यापकता; 2. चकित; 3. दुनिया देखे हुए; 4. बेचैन।

स्टेज पर हाव-भाव के साथ क़व्वाली गाने की उम्र से काफ़ी आगे निकल चुकी हैं।

रश्के-क़मर ने मुस्कुराकर कहा, "इस सिनो-साल[1] में क़व्वाली गाऊँगी ?"

"क्यों नहीं," ख़ाँसाहब ने बात बनाने की ख़ातिर जवाब दिया।

"शकीला बानो भोपाली बरसों से गा रही हैं। नूरजहाँ, रज़िया बानो और शकीला बानो तो इंग्लैंड का दौरा भी कर चुकी हैं।" फिर उन्होंने अपनी रिस्ट-वाच पर नज़र डाली। "आइए चलें। सामने ही जाना है।"

वो होटल से निकलकर नरीमान प्वाइंट के थिएटर हाल पर पहुँचे जहाँ 'मुजरा कैबरे कंपटीशन' प्रोग्राम शुरू हो चुका था। वो अंदर गए। स्टेज पर एक लड़की सुनहरा विग पहने इंतिहाई लचर रक़्स[2] कर रही थी।

"इसे बैली डांस की अलिफ़-बे भी नहीं आती," ख़ाँसाहब ने कोफ़्त से कहा।

"और लोग इतने महँगे टिकट ख़रीदकर उसे देखने आते है !"

"जी हाँ, ज़्यादातर अंडरवर्ल्ड के लोग ... और गल्फ़ के अरब ... आइए चलें।"

वो उठकर बाहर आए। बारिश शुरू हो चुकी थी और समंदर की ऊँची लहरें साहिली दीवार से टकरा रही थीं। तेज़ हवा चल रही थी और सड़क पर सन्नाटा तारी[3] था। बरसाती में एक आदमी ओवरकोट में चेहरा छिपाए चुपचाप खड़ा था ... उसने रश्के-क़मर से फ्रेंच में कुछ कहा। वह घबराकर ख़ाँसाहब के बराबर दुबक गई।

"बंबई की अंडरवर्ल्ड बहुत ख़तरनाक है। आइए, यहाँ से चलें।" ख़ाँसाहब बोले। "मोंशियो ... मादाम ..." उस आदमी ने बेबसी से टूटी-फूटी अंग्रेज़ी में कहा, "मैं मारीशस से आया हूँ। एक शख़्स ने मेरी जेब काट ली।"

ख़ाँसाहब और रश्के-क़मर सरअत[4] से कार में जा बैठे। सामने एक नामी-गिरामी स्मगलर की कैडीलेक आकर रुकी। वह अपने गुर्गों के साथ झूमता-झामता उतरा। ख़ाँसाहब ने अपनी कार स्टार्ट की। "बंबई की

---

1. उम्र; 2. नृत्य; 3. छाया हुआ; 4. तेज़ी से।

अंडरवर्ल्ड ···” उन्होंने दुहराया।

“ख़ाँसाहब, मेरी बच्ची कराची की अंडरवर्ल्ड में मारी गई ···” उसने कहा और बेइख़्तियार रोने लगी।

ख़ाँसाहब ने कार की रफ़्तार धीमी की और नरमी से बोले, “मुझे पूरा वाक़िया बतलाइए।”

तब उसने पूरी दास्तान उनको मुख़्तसरन[1] सुनाई।

“ ··· फिर सिपाही मुझे हस्पताल ले गए और जापानी साहब को सूचना दी। उस बेचारे ने मुझे एक मेंटल होम में दाख़िल कर दिया ··· इलेक्ट्रिक शॉक लगाए गए। चार-पाँच महीने इलाज हुआ। जापानी ने सारा ख़र्चा उठाया। वो टोकियो लौटनेवाले थे। मुझसे कहा, मुझे किसी और जापानी या अमरीकन के हाँ नौकर रखवा देंगे। तब ही मेरे पास मसक़त से पोस्ट किया हुआ, जमीलुन का चार सतरों[2] का परचा पहुँचा कि वह सख़्त बीमार है और उसकी देखभाल और माली[3] इआनत[4] के लिए कोई मौजूद नहीं। मैं रात-भर, दिन-भर रोती रही। जापानियों ने मेरी यह हालत देखकर और उस ख़त की बुनियाद पर मेरे लिए परवान-ए-राहदारी[5] की तगो-दौ[6] की। उसमें एक साल लग गया। इजाज़त मिलते ही मेरे लिए यहाँ का टिकट ख़रीदा। एयरपोर्ट पर खुद पहुँचाने आए। मेरा रोवाँ-रोवाँ जापानी मियाँ-बीवी को दुआएँ देता है।

“रवानगी से एक दिन पहले माहपारा को खुदा हाफ़िज़ कहने क़ब्रिस्तान गई थी। बहुत देर तक उसकी क़ब्र के सिरहाने बैठी रही। अचानक बहुत गहमा-गहमी शुरू हो गई। किसी वी.आई.पी. का जनाज़ा लाया जा रहा था। टेलीविज़न कैमरे, प्रेस रिपोर्टर, फूलोंवाले रीथ, सफ़ेद शिफ़ोन और जार्जेट की सारियाँ, सफ़ेद सैंडिल्स पहने, सफ़ेद पर्स सँभाले, काला चश्मा लगाए, हलका मेक-अप किए, नफ़ासत से सर ढाँपे सोगवार बेगमात। मैं बस स्टाप की तरफ़ जाने के लिए उठी। रस्ते में जनाज़े के जुलूस में आई हुई शानदार इंपोर्टेड कारों की इतनी लंबी क़तार थी कि मैं उनके गुज़रने के इंतज़ार में सड़क के

1. संक्षेप में; 2. पंक्तियों; 3. आर्थिक; 4. सहायता; 5. पासपोर्ट; 6. दौड़धूप।

किनारे एक संगे-मील[1] पर बैठ गई। एक कार में से एक सफ़ेद शिफ़ोन की सारी और काले चश्मेवाली बेगम उतरीं। मुझे कोई भिखारिन समझकर मेरे सामने चंद सिक्के फेंके। बेल्जियम की लैस के सफ़ेद नाजुक रूमाल से अपनी नाक की नोक छूती आगे बढ़ गईं।"

"रश्के-क़मर ··· आपने अभी बतलाया था कि आपका एक लड़का भी है ···"

"जी हाँ, उसे स्कूल में पढ़ाने के लिए जतन किए लेकिन वह लखनऊ की गलियों में आवारागर्दी का शौक़ीन था। अब कराची में किसी लखनऊ से आनेवाले ने बताया था कि वह बंबई में दादागीरी कर रहा है। मैं कल सुबह से, जब से यहाँ पहुँची हूँ, चारों तरफ़ आँखें फाड़-फाड़कर देख रही हूँ, शायद वह कहीं नज़र आ जाए। मगर ऐसे इत्तफ़ाक़ात[2] सिर्फ़ हिंदुस्तानी फ़िल्मों में होते हैं।"

कार अब नूरे-इस्लाम मुसाफ़िरख़ाने, भिंडी बाज़ार पहुँच चुकी थी। ख़ाँसाहब ने आहिस्ता से कहा, "आप पाकिस्तान से कुछ रुपया साथ ला न सकी होंगी।"

"एक पैसा नहीं। मेरे हाथ में ये दो सोने की चूड़ियाँ हैं। कल सुबह उन्हें फ़रोक्त करके[3] लखनऊ का टिकट ख़रीदूँगी। मुसाफ़िरख़ाने का किराया बहुत सस्ता है। सिर्फ़ तीन रुपये रोज़।"

ख़ाँसाहब का हाथ उनके कोट की जेब की तरफ़ गया। "मैं अगले हफ़्ते अजमेर के क़व्वालों की पार्टी को लेकर मिडिल-ईस्ट और इंग्लैंड के दौरे पर जा रहा हूँ। इसकी वजह से बहुत इख़राजात[4] दरपेश हैं[5]।" उन्होंने जेब से बटुवा निकाला।

खिसके डबल ··· खिसके डबल ··· खिसके डबल ··· रश्के-क़मर उर्फ़ क़मरून उर्फ़ मेलेवाली इमरती ने दिल में दुहराना शुरू किया। ख़ाँसाहब ने कहा, "इस वक़्त सिर्फ़ इतना ही पेश कर सकता हूँ। एक मुख़लिस[6] दोस्त की तरफ़ से क़ुबूल कीजिए।" और बटुवे में से चंद नोट निकाले।

---

1. मील का पत्थर; 2. संयोग (बहुवचन); 3. बेचकर; 4. ख़र्च; 5. सामने; 6. सद्भावपूर्ण।

13

पड़ोस की मस्जिद में इशा की अज़ान हो रही थी जिस वक़्त वह टाट का पर्दा उठाकर अपने आँगन में दाख़िल हुई। सामने अमरूद की टहनी से साइकिल-रिक्शा के पुराने ट्यूब और टायर लटक रहे थे। एक औरत ने खपरैल में से आवाज़ दी, "कौन है ?" असबाब ड्योढ़ी में रखकर वह "जमीलुन, जमीलुन" पुकारती अपने कमरे की तरफ़ दौड़ी। जल्दी में चौखट से ठोकर लगी। अँगूठे में चोट आ गई। अंदर स्टूल पर रखी लालटेन अंधी-अंधी जल रही थी।

"जमीलुन ··· ख़ाला ··· हम आ गए ···" बेहद बूढ़ी, सूखी लक़्क़ात[1] हुरमुज़ी ख़ाला मैले-कुचैले बिस्तर पर से धुएँ की एक पतली लकीर की तरह उठीं। उनके बराबर बिछा जमीलुन का पलंग ख़ाली पड़ा था। उसकी बैसाखी कमरे के एक कोने में रखी थी। रश्के-क़मर का दिल धक से रह गया।

"ख़ाला, तसलीम ···" वह पलंग की पट्टी पर बैठकर ख़ाला से लिपट गई। वह फुसुर-फुसुर रोने लगीं।

"ख़ाला ··· जमीलुन ··· कहाँ है ?"

औरत बावर्चीख़ाने से निकली। अपने बच्चों के साथ मिलकर रश्के-क़मर का असबाब ड्योढ़ी से उठाया और उसे लाकर बरामदे में चुन दिया। खुद मैली ओढ़नी से पसीना पोंछती चौखट में आ खड़ी हुई और घर की नई आनेवाली मालकिन को देखने लगी।

"ख़ाला ··· जमीलुन ··· ?" रश्के-क़मर ने दहलकर दुहराया।

"अल्लाह के घर गई," सिड़न ख़ाला ने रोते-रोते जवाब दिया। "उसके दोनों पाँव बेकार हो गए थे ··· मौला ने उसकी मुश्किल आसान की।"

"जमीलुन बिटिया तो बिलकुल हिल-जुल नहीं सकती थीं। यह दागदर बुलाकर लाए। वह बोला, सारे बदन को यह हो गया है। गठिया हो गई है। जोड़-जोड़ जकड़ गया है," दरवाज़े में खड़ी औरत ने कहा।

रश्के-क़मर ने सर उठाकर उसे देखा।

---

1. काँटे की तरह सूखकर दुबली हो चुकी।

"आख़िर वक़्त तक उसने तुम्हारा इंतज़ार किया। उसे तो मरे भी अब एक साल हो जाएगा," ख़ाला बोलीं।

रश्के-क़मर गुमसुम, बारी-बारी उन दोनों की सूरतें देखा की। एक आँसू आँख से न टपका। उसने जज़्बात से आरी,[1] सपाट आवाज़ में पूछा, "... तुमने हमें इत्तला भी न भेजी !"

"बीमारी की इत्तला तो बुतूल का देवर मस्क़त जा रहा था, उसके हाथ भिजवा दी थी। वह भी वहाँ पहुँचकर लापता हो गया। हमारा कौन सगा विलायत में बैठा है जिसके ज़रिये ख़तो-किताबत करते !"

रश्के-क़मर सर झुकाए जमीलुन के ख़ाली खुर्रे पलंग को तकती रही। ताज्जुब की बात है, जमीलुन की मौत की ख़बर पर मेरी आँखों से एक आँसू नहीं गिरा। क्या माहपारा की वफ़ात[2] ... नहीं क़त्ल ... पर आँसुओं का सारा स्टाक ख़त्म हो गया ! मैं रोई नहीं तो जिऊँगी कैसे। अचानक उसे जुम्मन ख़ालू याद आए। शायद अभी नमाज़ पढ़कर मस्जिद से नहीं लौटे।

"ख़ाला ... ख़ालू कैसे हैं ?"

"कौन ... तुम्हारे ख़ालू ... उनको मरे पाँच साल हो गए। जमीलुन मरहूमा ने तुम्हें मुफ़स्सल[3] ख़त में इत्तला दी थी ..."

"मुझे कोई ख़त नहीं मिला ख़ाला ... कहीं से कोई ख़त नहीं आया मेरे नाम।"

हुरमुज़ी ख़ाला, जुम्मन ख़ालू, रश्के-क़मर लखनवी, जमीलुन्निसा बेगम उर्फ़ कुमारी जलबाला लहरी, माहपारा ख़ानम ... हम सब दलदल में फँसे हुए हैं, फँसे हुए थे। दलदल में फँसा आदमी बाहर निकलने के लिए हाथ-पाँव मारता है, रोता नहीं; उसे रोने की फ़ुरसत नहीं होती। वह दलदल से निकलने की कोशिश में जुटा रहता है ... जुम्मन ख़ालू, जमीलुन्निसा, माहपारा ख़ानम, तीनों दलदल में धँस गए। उसने अपनी खुश्क[4] आँखों पर उँगलियाँ फेरीं।

"जमीलुन ... कब ... कैसे मरी ... ख़ाला ... ?"

"आदमी कैसे मरता है बिटिया ... ? बस मर जाता है। जमीलुन ने रात

---

1. रहित; 2. मृत्यु; 3. विस्तृत; 4. शुष्क।

के वक़्त दम तोड़ दिया। तारीख़ और महीना हमें याद नहीं। भरी बरसात थी। घर में कफ़न के लिए एक पैसा नहीं था। बफ़ाती कहीं से बीस रुपये क़र्ज़ लाए। कहने लगे, मुहल्लेवालों से चंदा कर लूँ।"

"बफ़ाती कौन ···?"

"हफ़ीजुन के मियाँ ··· रिक्शा चलाते हैं। जमीलुन ने किरायेदार रख लिया था। जब से वह पलंग से लगी, गाने के लिए बाहर नहीं जा सकती थी। वर्मासाहब और सदफ़-आरा इमदाद[1] करते रहते थे। वर्मा शादी करके लखनऊ से उड़नछू हुए। सदफ़ किसी गोरे के साथ विलायत चली गई। बफ़ाती ने कहा, मस्जिद में जाकर चंदा जमा करें। हमारा दिल न माना। आँख पर ठीकरी रखकर उन्हें आग़ा फ़रहाद के हाँ भिजवाया। बारिश कहे, आज बरसके फिर न बरसूँगी। फ़रहाद मियाँ खुद बीमार पड़े थे। उन्होंने अपने मुंशी के हाथ पैसे भिजवाए। सब कफ़न-दफ़न का इंतज़ाम उसने किया। मूसलाधार बारिश में ले जाकर ग़रीब की मिट्‌टी अज़ीज़ की।"

"अब गुज़र कैसे होती है ?"

"जमीलुन मरहूमा[2] पड़े-पड़े चिकन काढ़कर बीस रुपये महीना पैदा कर लेती थी। पंद्रह रुपये महीना बफ़ाती किराया देते थे। अब जमीलुन के मरने के बाद किराये के बजाय हमें दो वक़्त दाल-भात खिला देते हैं। रिक्शा खींचते-खींचते टी.बी. हो गई है, फिर भी उनकी पूरी नहीं पड़ती। चार बच्चे, दो मियाँ-बीवी। अब बेचारे हमें भी साल-भर से खिला रहे हैं। शुक्र है तुम यह मकान ख़रीद गई थीं, वर्ना इसका किराया कहाँ से अदा होता ···" अचानक उनको माहपारा याद आ गई। पूछा, "ए क़मरून, बिटिया कहाँ है ··· वह साथ नहीं आई ··· ?

"माहपारा की कराची में शादी कर दी है ख़ाला ··· बहुत अच्छा लड़का मिल गया। नेक, शरीफ़, तालीमयाफ़्ता,[3] अच्छी तनख़्वाह पाता है," रश्के-कमर ने करख़्त[4] आवाज़ में जवाब दिया।

"शुक्र है ··· मौला तेरा शुक्र है। इलाही तेरा लाख-लाख शुक्र है।" वह पलंग से उठने लगीं।

---

1. सहायता (मदद का बहुवचन); 2. स्वर्गीया; 3. शिक्षित; 4. सख़्त।

"कहाँ जा रही हो ख़ाला ?"

"जब माहपारा पैदा हुई थी तब से चौदह रकत नमाज़ मान रखी है कि उसकी शादी हो जाए।"

"तो अब कहाँ चलीं ?"

"वज़ू करने ···"

"ख़ाला, लेट जाओ, कल पढ़ लेना," उसने हुरमुज़ी बेगम को फिर बिस्तर पर लिटा दिया। वह वफ़ूरे-मुसर्रत[1] से दोबारा उठ बैठीं ··· रश्के-क़मर ने उनका ध्यान बँटाने के लिए पूछा, "तुम कह रही थीं, आग़ा फ़रहाद बीमार पड़े हैं ···"

"अरे उन्हें कोई जानलेवा मर्ज़ लग गया है। बड़े दामाद के पास इलाज के लिए विलायत गए हैं। बड़ा दामाद वहाँ डाक्टर है। बीवी और मँझली बेटी-दामाद भी साथ गए हैं। चलते वक़्त दो सौ रुपया भिजवा गए थे और तुम्हारे नाम एक बड़ा लिफ़ाफ़ा था। अभी देते हैं। ज़रा लालटेन उठाना।"

हुरमुज़ी ख़ाला ने फिर उठना चाहा।

"ख़ाला मुझे बताओ, मैं ढूँढ लूँगी।"

"वह बक्सा खींचना।"

क़मरून ने जमीलुन की चारपाई के नीचे से सुर्ख़ टीन का फूलदार पुराना बक्स खींचकर बाहर निकाला। उसमें जमीलुन के कपड़े रखे थे। वह आग़ा फ़रहाद का लिफ़ाफ़ा ढूँढने के लिए कपड़े निकाल-निकालकर फ़र्श पर रखती गई। ट्रंक की तह में पुराना अख़बार बिछा था। उसके नीचे से गुलाबी प्लास्टिक के दो क्लिप निकले जो उसने मुद्दतें गुज़रीं पीर हंडेशाह के उर्स में चार-चार आने में अपने और जमीलुन के लिए ख़रीदे थे। उनको कुछ देर तकती रही। ख़ाला की आवाज़ पर चौंक उठी। अब वह कह रही थीं, "आफ़ताब भी ग़ायब हो गया। बंबई भाग गया।"

रश्के-क़मर फिर आग़ा फ़रहाद का लिफ़ाफ़ा ढूँढने में मसरूफ़ हुई। वह जमीलुन के एक अधबुने स्वेटर के नीचे रखा मिला। बहुत भारी था। क़मरून के दिल में रौशनी-सी पैदा हुई। शायद नोटों की गड्डी भिजवा गए हों। जल्दी

1. प्रसन्नता की अधिकता।

से जमीलुन की खाट पर आ बैठी। स्टूल खींचकर क़रीब रखा। लालटेन की बत्ती ऊँची की। लरज़ते[1] हाथों से लिफ़ाफ़ा खोला। एक मराको लेदर की नफ़ीस[2] बयाज़[3] बरामद हुई और एक ख़त। उसने ख़त पढ़ना शुरू किया :

रश्के-क़मर !

हम जमीलुन्निसा मरहूमा की ताज़ियत[4] तुमसे किन अलफ़ाज़ में करें। हमें तुम्हारा कराची का पता मालूम नहीं वर्ना वहाँ ख़त भेजते, चाहे तुम जवाब न देतीं। पच्चीस साल गुज़र गए लेकिन हम तुम्हें भूले नहीं। जो तुम्हारी-हमारी क़िस्मतों में लिखा था सो पूरा हुआ। तुम्हें लखनऊ से गए भी पाँच-छः बरस होने को आए। तुम्हारे जाने के बाद हमने जमीलुन्निसा को कई बार माली[5] इमदाद करना चाही; उन्होंने हमेशा रुपये वापस कर दिए। इस क़दर की ग़यूर[6] लड़की हमने आज तक न देखी। सारी उम्र ज़िंदगी से लड़ती रही, फिर मौत से लड़ा की। आख़िर में दोनों से हार गई। अल्लाह-तआला उसे दूसरी दुनिया में आराम और चैन नसीब करें।

रश्के-क़मर ! पिछले बरसों में तुम हमें बहुत याद आईं। अब हम भी बुड्ढे हो चले। बीवी अपने मैके और ससुराल की सियासत[7] में मशगूल[8] रहती हैं। बेटियाँ अपने-अपने घरों की हो गईं। अल्लाह ने हमें घर-बार, औलाद, दौलत, आसाइश[9] सब-कुछ दिया। दिल का चैन न दिया। हमने तुम्हारे लिए बहुत-सी ग़ज़लें कहीं। सब एक बयाज़ में लिखते गए। इस उम्मीद पर कि यह कभी तुम्हारे हाथ में पहुँच जाए। शायद तुम कभी लखनऊ लौट आओ। पब्लिक का हाफ़िज़ा[10] बहुत कमज़ोर होता है। अगर तुम वापस आओ और मुशायरों में मदऊ[11] किया जाए (अब हमारी सोसाइटी भी काफ़ी वसीउन्नज़र[12] हो चुकी है) तो ये ग़ज़लें तुम्हारे काम आएँगी।

और क्या लिखें रश्के-क़मर ! डाक्टरों ने सरतान[13] का ख़दशा[14] ज़ाहिर किया है। हम अपने बड़े दामाद के पास बग़रज़-इलाज़ लंदन जा रहे हैं। अब क्या अच्छे होंगे और क्या ज़िंदा वापस आएँगे ! रश्के-क़मर, अब ख़ुदा हाफ़िज़।

---

1. काँपते हुए; 2. सुंदर; 3. शेर लिखने की कापी; 4. शोक व्यक्त करना; 5. आर्थिक; 6. स्वाभिमानी; 7. राजनीति; 8. व्यस्त; 9. समृद्धि; 10. स्मृति; 11. निमंत्रित; 12. उदार विचारोंवाली; 13. कैंसर; 14. आशंका।

अगर मुमकिन हो, हमें माफ़ कर देना।

तुम्हारा आग़ा फ़रहाद

14

बंबईवाले ख़ाँसाहब की दी हुई रक़म में से अब सिर्फ़ दस रुपये बाक़ी थे। रश्के-क़मर सुबह को पुरानी आदत के मुताबिक़ डाकिये के इंतज़ार में ड्योढ़ी पर जा खड़ी हुई। चंद मिनट बाद अचानक ख़याल आया, मैं भी कितनी बड़ी उल्लू की पट्ठी हूँ। अठारह-उन्नीस बरस लंदन के ख़त का इंतज़ार किया। अब तो सब तरफ़ से हमेशा के लिए छुट्टी ··· वह आँगन में वापस आई। बफ़ाती की बीवी हफ़ीज़ुन बावर्चीख़ाने में खाना पका रही थी। बफ़ाती सुबह-सुबह काढ़ा चाय और एक सख़्त लक्कड़-तोड़ पाव का नाश्ता करके रिक्शा लेकर जा चुके थे। बच्चे गली में खेल रहे थे। ख़ाला अंदर पलंग पर पड़ी खाँस रही थीं। रश्के-क़मर खपरैल में आ बैठी और सोचने लगी। अब क्या करूँ। आग़ा फ़रहाद की बयाज़ याद आई। अंदर से उसे निकालकर लाई। वरक़ पलटे। ग़ज़ल के मक़ता[1] में 'क़मर' तख़ल्लुस[2] मौजूद था। उसने बयाज़ बंद की। तब एक बड़ा-सा आँसू उसकी आँख से टपककर किताब की उन्नाबी[3] जिल्द पर टप से गिरा। वह कुछ देर तक सोचा की, फिर उठकर कपड़े बदलने के लिए कमरे में चली गई।

बफ़ाती दोपहर को हाँपते-काँपते घर लौटे। रश्के-क़मर ने खाने के बाद उनसे पूछा, "बफ़ाती, हमें ज़रा मंसूरनगर तक ले जाओगे।"

"ज़रूर बिटिया ··· चलिए।"

वह बाहर आकर रिक्शे में बैठी ··· विक्टोरिया स्ट्रीट, फ़िरंगीमहल, चौक, अकबरी दरवाज़ा, गुलाम हुसैन का पुल।

"मुहर्रम आनेवाला है। सुना है, इस साल भी शिया-सुन्नी सरफुटव्वल होगा," बफ़ाती ने रिक्शा चलाते-चलाते इज़हारे-ख़याल[4] किया।

---

1. आखिरी शेर; 2. उपनाम; 3. लाल रंग की; 4. विचारों की अभिव्यक्ति।

"अब भी बराबर होता है ?"

"हर साल, और बहुत ज़ोरों में। अभी तीन-चार बरस उधर की बात है बिटिया। ईरान से कुछ लोग आए थे। अपने टेलीविज़न के लिए लखनऊ के मुहर्रम की पिक्चर बनाने। यहाँ पहुँचे। यहाँ हो रही थी ज़बरदस्त जंग शिया-सुन्नी की। उलटे पाँव वापस गए।"

मंसूरनगर पहुँचकर वह एक पुराने मकान के सामने उतरी। बैठक के दरवाज़े पर पहुँची। अंदर वर्मासाहब और आग़ा फ़रहाद के एक धनी शायर दोस्त अपने हवाली-मवालियों[1] के साथ बैठे चाय पी रहे थे। उसने खुदा का शुक्र अदा किया।

"ओहो ··· बी रश्के-क़मर ··· आप कब तशरीफ़ लाईं ?" वग़ैरह-वग़ैरह। मज़ीद[2] चाय और नाश्ता मँगवाया गया। रश्के-क़मर ने रेल से उतरने के बाद से इस वक़्त तक पेट-भर खाना नहीं खाया था। दिल चाह रहा था, सामने रखी सारी नेमतें चट कर जाए। बड़ी हिम्मत से हाथ रोका। बातों-बातों में पूछा, "आजकल मुशायरे कहाँ-कहाँ हो रहे हैं ?"

"एक तो परसों शाम ही को है। इतवार के रोज़ क़ैसरबाग़ की बारादरी में। आप आएँगी ?"

"आप बुलाएँगे तो ज़रूर आएँगे।"

"बात यह है कि अब हम तो उसकी इंतज़ामिया कमेटी[3] से अलग हो गए हैं। हमारे छोटे भाईसाहब उसके सेक्रेटरी से कह देंगे। अरे मियाँ ताहिर ···"

ताहिर मियाँ तौलिये से मुँह पोंछते अंदर से निकले। झुककर रश्के-क़मर को तसलीमात अर्ज़ की।

"ताहिर मियाँ। रश्के-क़मर साहिबा को अपने मुशायरे में बुला लो ··· तुम तो बच्चे थे। हमें उनका पढ़ने का अंदाज़ और आवाज़ अब तक याद है।"

"बहुत खूब भाईजान, हम इंतज़ाम कर देंगे।"

"किस वक़्त शुरू होगा मुशायरा ?" रश्के-क़मर ने दरियाफ़्त किया।

"आठ बजे। आप फ़िक्र न कीजिए। हम आदमी भेजकर बुलवा लेंगे। अपनी कार भेज देंगे। मकान का पता बतला दीजिए," ताहिर मियाँ ने फ़रमाया।

---

1. मुसाहिबों और चमचों; 2. और अधिक; 3. प्रबंध समिति।

इतवार की सुबह से उसने मुशायरे की तैयारियाँ शुरू कीं। ट्रंक खोलकर सारियाँ धूप में डालीं। ब्लाउज़ पर इस्तरी की। बाल काले रँगे। तीन बजे आग़ा फ़रहाद की बयाज़ निकालकर दो-तीन ग़ज़लें मुंतख़ब कीं।[1] उनके तरन्नुम की धुनें बिठाती रही। हफ़ीजुन से कहा, खाना सात बजे तक तैयार कर दे। रश्के-क़मर ने काफ़ी समय पहले मकान में बिजली मँगवा ली थी जो उसके जाने के बाद बिल अदा न होने की वजह से काट दी गई थी। सूरज ढलने से पहले-पहले उसने आँगन में बैठकर मेक-अप किया। कराची में ख़रीदी हुई अमरीकन् नाइलोन की एक फूलदार नीली सारी बाँधी। जल्दी-जल्दी खाना खाया और ताहिर मियाँ की कार के इंतज़ार में बैठ गई। आठ बजे, साढ़े आठ, नौ, दस, ग्यारह, साढ़े ग्यारह। उसे मुशायरे में ले जाने के लिए कोई न आया।

सुबह-सवेरे उठकर उसने बफ़ाती को आवाज़ दी। वह बरामदे में बैठे रिक्शा के टायर में हवा भर रहे थे।

"बफ़ाती," उसने करीब जाकर कहा। "जमीलुन मरहूमा किस ठेकेदार के लिए चिकन काढ़ती थीं, जानते हो ?"

"जी हाँ, जानते हैं बिटिया।"

वह बाहर आकर टूटे हुए मोंढे पर बैठ गई। हफ़ीजुन ने चिनहट की आर्टिस्टिक प्याली में चाय पेश की। उसने चौंककर पूछा, "यह कहाँ से आई ?"

"सदफ़ बिटिया चलते वक़्त अपने बर्तन दे गई थी। सब बिक गए। यही प्याली बाक़ी बची है," हफ़ीजुन ने कहा।

"सदफ़ बिटिया और उनका अमरीकन ख़ाविंद जाते वक़्त पैसे भी दे गए थे। वो एक महीने के अंदर जमीलुन बिटिया और ख़ाला के इलाज में उड़ गए," बफ़ाती सर उठाकर बोले। "अमरीका जाते वक़्त सदफ़-आरा तो बैंक में उनका कुछ रुपया था, वह जमीलुन बिटिया के नाम करनेवाली थीं। बिटिया ने उनको बहुत समझाया कि वह यह हिमाक़त न करें। कल-कलाँ उन्हें लखनऊ वापस आना पड़ा तो ज़रूरत होगी। वह न मानीं। मगर ऐन वक़्त

---

1. चुनीं।

पर गाँव से उनके लठबंद बाप-भाई आन पहुँचे कि इस पर हमारा हक़ है।"

"सदफ़ चलते-चलते कह गई थीं कि अमरीका से रुपया भेज देंगी। मगर जमीलुन बिटिया ही न रहीं," हफ़ीज़ुन ने भर्राई हुई आवाज़ में कहा। रश्के-क़मर उसकी तरह दिल कड़ा किए सुना की।

"फिर बिटिया की बीमारी की ख़बर सुनकर आग़ा फ़रहाद ने अपने आदमी के हाथ पैसे भिजवाए, वह उन्होंने लौटा दिए। दूसरी बार फिर उनका सिकत्तर[1] पैसे लाया।"

"आग़ा फ़रहाद के यहाँ अब सिकत्तर भी है ?" रश्के-क़मर ने पूछा।

"पूरा अमला[2] है," बफ़ाती ने अपनी नई-नवेली साइकिल-रिक्शा को साफ़ करते हुए जवाब दिया। "लाखों का कारोबार है। शाहजहाँपुर में ग़ालीचे बनाने का कारख़ाना तो उनका बहुत बरसों से चल रहा है। सीतापुर में फ़ार्म लिया है। जायदाद का किराया अलग आता है। ये बड़ी जंगी कोठी बनवाई है। मगर ख़ुदा की शान। इतनी दौलत और नाम चलाने के लिए लड़का एक नहीं। सब कुछ दामादों को मिलेगा।"

रश्के-क़मर चेहरा फेरकर दूसरी तरफ़ देखने लगी। इसी मकान में आग़ा फ़रहाद का फ़रज़ंद तवल्लुद हुआ था[3] और वर्मासाहब ने फ़ौरन उसका नाम नादिर फ़रवीन रख दिया था। वह दो साल का होकर जाता रहा। आज पच्चीस बरस का कड़ियल ज़वान होता ··· अगर ज़िंदा रहता तो भी क्या होता ··· कुछ भी नहीं ··· आफ़ताब तो ज़िंदा है ··· मेरी बदक़िस्मती नाक़ाबिले-यक़ीन[4] है।

हफ़ीज़ुन बाल्टी उठाकर नल पर चली गई। रश्के-क़मर ने जमीलुन के ख़ाली पलंग पर नज़र डाली।

जमीलुन्निसा, तुम्हें तुम्हारी ख़ुद्दारी[5] ने हलाक किया[6] ··· उसे याद आया, जमीलुन को आग़ा फ़रहाद से तब से नफ़रत हो गई थी जब उसने नादिरा फ़रवीन के वलादत[7] के बाद स्विंग बर्ड्स क्लब में फ़रहाद को वर्मा से कहते सुन लिया था कि इस तबक़े[8] की छोकरियों के पास ब्लैकमेल का यह सहल नुस्ख़ा है। किसी आए-गए की औलाद किसी मालदार शनासा[9] के सर

1. सेक्रेटरी; 2. स्टाफ़; 3. बेटा पैदा हुआ था; 4. अविश्वसनीय; 5. स्वाभिमान; 6. मार डाला; 7. जन्म; 8. वर्ग; 9. परिचित।

मँढ़ दी। क़मरून के पास सुबूत क्या है ? आगा फ़रहाद की नई-नई शादी हुई थी। वह अपनी तेज-मिजाज रईसज़ादी दहपट बीवी से बहुत डरते थे और समाज के lowest of the lowly से उनकी हमदर्दी हवा हो चुकी थी, लेकिन नादिर फ़रवीन के मरने के बाद अपने इस रवैये पर शिद्दत से नादिम थे।[1] रश्के-क़मर से मिलना-जुलना छोड़ चुके थे मगर दो सौ रुपये माहवार पेंशन' मुक़र्रर कर दी थी जो उसने भागते भूत की लँगोटी ही भली कहकर शुक्रिया के साथ कुबूल की थी। लेकिन बला की जहीन[2] अपाहिज जमीलुन इस प्रोफ़ेशन में कभी दाख़िल ही न हुई थी और पलंग पर पड़ी-पड़ी अपने साफ़-शफ़्फ़ाफ़ जेह्न से दुनिया के आर-पार देखा करती थी। आग़ा फ़रहाद के इन जुमलों को उसने कभी माफ़ न किया।

"फिर क्या हुआ बफ़ाती ?" रश्के-क़मर ने पूछा।

"फ़रहाद मियाँ ने तीसरी बार रुपये भिजवाए तो हमने चुपके से रख लिए कि उनके लिए अच्छा डाक्टर बुलवाएँगे। अच्छा खाना पकवाया करेंगे। घर की हालत सुधर जाएगी। पूछेंगी, कह देंगे, लाटरी निकल आई है या किसी से क़र्ज़ा लिया है। मगर हमारे एक बच्चे ने भूले से उनको बतला दिया। बहुत बिगड़ीं-चिल्लाईं। हमने हाथ जोड़कर कहा, बिटिया हम आपको फ़ाक़े करते, एड़ियाँ रगड़-रगड़कर मरते नहीं देख सकते।

"हमारी रिक्शा टूट गई थी। उन्होंने हमारे बच्चों की क़सम देकर हमसे कहा, इस रक़म से नई रिक्शा ख़रीद लो। हम तो मरने ही वाले हैं। तुम्हें रिक्शा के ज़रिये अपने कुनबे का पेट भरना है। मजबूरन हमने यह रिक्शा ख़रीदी। जो पैसे बचे उससे बिटिया ने हमारे बच्चों के कपड़े बनवा दिए। अरे, वह इनसान थीं कि फ़रिश्ता। मगर ज़िद्दी ऐसी कि हस्पताल में भरती होने को आख़िर दम तक तैयार न हुईं।

"जब तक चल-फिर सकती थीं, गाने के प्रोग्राम मिल जाते थे। पलंग से लग गईं तो चिकन काढ़ने लगीं। उसमें बीस रुपये कमा लेती थीं। बिटिया भूख से मरीं। हम जो दाल-भात खाते थे वही उन्हें खिलाते थे। हमें मालूम है वह भूखी रहती थीं। कहती थीं, अपने बीवी-बच्चों का पेट काटकर हमें न

1. अत्यंत लज्जित थे; 2. प्रतिभाशाली।

खिलाओ। दो निवाले खाकर हाथ खैंच लेतीं। कहतीं, हमारा हाज़मा ख़राब है। लालटेन की रौशनी में चिकन काढ़ते-काढ़ते सो जातीं।"

रश्के-क़मर पत्थर का बुत बनी सुनती रही। बफ़ाती रिक्शा को झाड़-पोंछकर चलने के लिए तैयार हुए, फिर खुद ही बोले, "यह रिक्शा ख़रीदकर हम आग़ा फ़रहाद को बतला आए थे कि बिटिया ने पैसे अब भी नहीं लिए। हमको दे दिए।"

"बफ़ाती, जमीलुन के ठेकेदार से हमारे लिए काम ला दो।"

"बिटिया, आप रेडियो पर गाइए। पहले तो गाती थीं।"

"अब हमारी आवाज़ रेडियो के लायक़ नहीं रही। हम यहाँ थे जब ही बहुत अरसे से गाना छोड़ चुके थे ··· चिकन बनाने का रेट आजकल क्या है ?"

"कुरते की तुरपाई फ़ी[1] कुरता दस पैसे। एक सारी के पाँच, दस, पंद्रह रुपये। भारी काम के बीस-पच्चीस। एक नया पैसा फ़ी मुर्री पत्ती। एक आना फूल पक्की कढ़ाई। पत्ती में जाली बनाने का एक नया पैसा। एक नया पैसा फ़ी शैडो वर्क। एक नया पैसा फ़ी बूटी। एक औरत एक सारी नहीं बना पाती। एक घर में मुर्री पत्ती बनेगी, दूसरे में शैडो वर्क, तीसरे में बेल। जमीलुन बिटिया मुर्री पत्ती बनाती थीं। बिटिया, यही सारियाँ बाज़ार में और फ़ारेन जाकर सैकड़ों में बिकती हैं। कारीगर भूखे मरते हैं।"

दूसरे रोज़ सुबह साढ़े नौ बजे ठेकेदार चार कुरते, एक सफ़ेद सारी और धागा लेकर ड्योढ़ी पर आया। क़मरून ने टाट के पर्दे के पीछे से सारा सामान लिया। ठेकेदार ने धागा नापकर दिया कि औरत कहीं दो-तीन गज़ अपने पास न रख ले। फिर वह बुक़चा सँभालकर पड़ोस के घर की तरफ़ बढ़ गया।

क़मरून खपरैल में आई। बोसीदा[2] तख़्त को झाड़न से ख़ूब अच्छी तरह साफ़ किया। उस पर चादर बिछाई और सारी अपने सामने फैलाकर उस पर छपे हुए बेलबूटों को ग़ौर से देखा। सुई में सफ़ेद धागा पिरोया। दीवार के सहारे बैठकर सारी का आँचल घुटनों पर फैलाया और बूटा काढ़ना शुरू किया।

तब वह दफ़अतन अपना सर घुटनों पर रखके फूट-फूटकर रोने लगी।

(1976)

---

1. प्रत्येक; 2. सड़ा-गला।

दिलरुबा

लिप्यंतरण :

क़मरुल-इस्लाम जीलानी

1. पर्दा गिरने के बाद

" ... रुबाब, सितार, पखावज, सुरसिंगार बाज ध्यान-मान से गमक-तान से तीन गराम से बजे सब बाज, नाचो नृत, बताओ और उड़ाओ गंधर्व राग। मा-नी-धा-नी-धा-पा-मा-गा-रे-सा-धा-किड़-तिक-धा-किड़-तिक-धम-किड़-तिक-धान-तिक-थई-धा-किड़-तिक-थई ... " आख़िरी पुरशिकोह[1] कोर्स की गूँज मद्धम पड़ी। अह्दे-विक्टोरिया के मेकैनिकल स्टेज-क्राफ़्ट से लैस शाही दरबार में जमा, ज़र्क़-बर्क़[2] पोशाकों से जगमगाती कास्ट पर उन्नाबी[3] मखमली पर्दा आहिस्ता-आहिस्ता गिरा। बाहर आकर ड्रेस-सूट में मलबूस पारसी मैनेजर रुस्तमजी पिसटनजी ने कंपनी की तरफ़ से पब्लिक का शुक्रिया अदा किया और अगली रात का प्रोग्राम एनांउस किया। चवन्नीवालों की सीटियों और तालियों के शोर में हाल बर्क़ी कुमकुमों से[4] जगमगा उठा। उन्नाबी प्लश के ड्रेस सर्किल में से निकलकर शोरफ़ा-ए-लखनऊ[5] ज़ीना उतरने लगे। एक कोनेवाले 'लेडीज़ बॉक्स' में बुर्क़ापोशों ने फ़ौरन पर्दा बराबर किया। चंद मिनट बाद उनमें से एक ने बाहर झाँका; हाल ख़ाली हो चुका था। चारों का जुलूस 'बाक्स' से बरामद हुआ। उनमें से एक ने घबराहट में शटल-काक बुर्क़ा इस तरह ओढ़ लिया था कि आँखों की सफ़ेद जाली सर के पीछे थी। चारों ने अंधा-धुंद भागना शुरू किया। एक सुनसान कॉरीडोर में सब्ज़ बानात[6] से मँढ़े दरवाज़े पर 'प्राइवेट' की तख़्ती लगी थी। नीम-वा[7] किवाड़ से टकराकर चारों ग़ड़ाप से अंदर।

अपने प्राइवेट ड्रेसिंगरूम में 'मलिका मेह्र' सिंगार-मेज़ के सामने बैठी

---

1. वैभवशाली; 2. जगमगाते हुए; 3. लाल रंग का; 4. बिजली के लट्टुओं से; 5. लखनऊ के कुलीन; 6. मोटा ऊनी कपड़ा; 7. अधखुले।

नक़ली ज़ेवरात उतारने में मशगूल थी। बल्ब से रौशन आईने में अजीब माजरा नज़र आया। एक नक़ाबपोश घेरदार सफ़ेद बुर्के में मलफूफ़,[1] फ़र्श पर ढेर। तीन नक़ाबपोश दहलीज़ पर मौजूद।

"उई अल्ला !" मलिका मेहर दहलके चीख़ी, "कुंदन ! मुन्नू ! बहरूपिये ··· चोर ··· चोर ··· " हाज़िरदिमाग़ी से काम लेकर 'नादिर-जंग' के क़त्ल के इरादेवाले सीन का मसनूई[2] ख़ंजर, जो सिंगार-मेज़ पर रखा था, उठाया।

फ़र्श पर पड़ी मख़लूक़[3] बुर्के में उलझी हाथ-पाँव चलाकर आज़ाद होने की कोशिश कर रही थी। मलिका मेहर ने कड़ककर पूछा, "कौन ?"

"हम, लल्लू ··· " बुर्के में से एक कमसिन आवाज़ आई। "मैडम हम हैं ··· लल्लूजी। हमें निकालिए। हमारा दम घुटा जा रहा है।" फिर हाथ-पाँव मारकर बुर्के में से एक पंद्रह-साला साहबज़ादे बरामद हुए। मलिका मेहर को बेइख़्तियार हँसी आ गई। उसने दरवाज़े पर नज़र डाली। अब बक़िया तीनों की हिम्मत बढ़ी और उन्होंने नक़ाब उल्टे। तीनों के रंग फ़क़। उनमें से एक ने स्कूल की कापियाँ हाथ में बड़ी एहतियात[4] से सँभाल रखी थीं। जहाँदीदा[5] तजरबेकार थियेटरवाली ने सोचा, भँवरे में पले शरीफ़ज़ादे। माँ-बाप से छिपकर थियेटर देखने आए हैं। यह लखनऊ है। यहाँ जो भी न हो, कम है। किसी की उम्र सोलह-सत्रह साल से ज़्यादा न थी और वे इस तरह मबहूत[6] खड़े थे, गोया अपनी आँखों पर यक़ीन न आता हो कि इतनी मशहूर हीरोइन के ड्रेसिंगरूम में मौजूद हैं।

"बैठ जाओ !" हीरोइन ने डपटकर कहा। वह चारों बुर्के समेत सोफ़े पर एक क़तार में बैठ गए। 'मलिका-मेहर' ने ख़ंजर मेज़ पर रखकर एट्राफ़ रोज़ेज़ अपने ऊपर छिड़का और इतमीनान की साँस ली। फिर स्टूल पर बैठकर पुकारी, "कुंदन ··· हरामज़ादी ··· छिनाल ··· कहाँ मर गई ! ··

लड़कों ने घबराकर एक-दूसरे को देखा। उनके ख़्वाबों की मलिका ··· न्यू अल्फ्रेड कंपनी की चीफ़ एक्ट्रेस 'सैदे-हवस'[7] की नामवर अदाकार[8] गुलनारबाई इटावेवाली, भड़भूजनों, भटियारनों की तरह गालियाँ दे रही थी।

---

1. लिपटा हुआ; 2. कृत्रिम; 3. प्राणी; 4. सावधानी; 5. दुनिया देख चुकी; 6. स्तब्ध; 7. वासना का शिकार; 8. अभिनेता।

एक टिर्री शक्लवाली औरत कमरे में घुसी। लाल लहँगा, नीला शलूका, हरा दुपट्टा, नाक में बुलाक़, ख़ासी बंदरिया। मस्ख़,[1] फिटकारज़दा सूरत। गुलनारबाई उस पर बरस पड़ीं – "कलमुँही ··· मालज़ादी ··· मैं यहाँ लुट जाऊँ, डकैत आन पड़ें, ठग आन घुसें। खेल ख़त्म हुआ नहीं और तुम सब चरस का दम लगाने बैठ गए। दरवाज़ा किसने खुला छोड़ा ? अरे, ये तो ख़ैर, स्कूल के छोकरे निकले। चोर-बदमाश-उचक्के होते तो ? ··· और मँडवे के चौकीदार सब इंफ़्लूएंजा में मर गए क्या ? ··· मुनुवा भसम हो गया ? उसकी गोर[2] में कीड़े पड़ें। ढाई घड़ी की आए। मरते वक़्त कलमा नसीब न हो ··· "

कुंदन ने जल्दी से बेदमुश्क[3] पेश किया। इतने में एक दुबला-पतला घुँघरियाले बालोंवाला लड़का, जो शक्ल से गुलनार का भाई मालूम होता था, अंदर आया। "बाजी ··· बाजी ··· क्या हुआ ?" उसने घबराकर पूछा।

"मुनुवा के बच्चे ··· हरामज़ादे ··· भड़वे ··· दरवाज़ा तू खुला छोड़कर चला गया था ?"

चारों बुर्क़ापोश बौखलाकर खड़े हो गए। यह जगह तो भंगडख़ाना निकली, और मिस गुलनार टकिहाई।

"बैठ जाइए आप लोग ··· ," गुलनार ने गरजकर कहा। "जाते कहाँ है ! अपना पता-निशान बताकर जाइए। पूछताछ करते कल-कलाँ आपके बाबा आकर मेरे सर पर सवार हुए तो उनको क्या जवाब दूँगी ? ओ कुंदनिया ··· बाबा लोग के लिए सोडा-लेमन ला।"

"बाजी ! पिस्टनजी को बुलाऊँ ?" मुनुवा ने मुस्तैदी से दरियाफ़्त किया। वह लाल-लाल आँखों से बुर्क़ापोश लड़कों को देख रहा था।

"भाग जा बे ··· हराम की औलाद ··· ," गुलनार ने बालों का नुक़रई[4] ब्रश उसकी तरफ़ गुस्से से फेंका। "दरवाज़े पर बैठ जाकर अपने स्टूल पर। कोई इन बच्चों को ढूँढ़ता नज़र आए तो मुझे इत्तला करना।"

"बहुत अच्छा बाजी ··· " मुनुवा सर झुकाए जाकर अपनी ड्यूटी पर बैठ गया। कुंदन ने नीले फूलदार गिलासों में सोडा-लेमन लड़कों को पेश किया।

"बाहर जाओ !" गुलनार ने हुक्म दिया। कुंदन बुलाक़ के नीचे मुस्कुराती,

---

1. विकृत; 2. क़ब्र; 3. एक तरह के बेंत से खींचा गया रस; 4. रुपहला।

लहँगा फड़काती गलियारे में चली गई। गुलनार ने किवाड़ बंद करके अंदर से चटख़नी लगा ली।

कुंदन कारीडोर में निकली। फसक्कड़ मारके मुनुवा के स्टूल के क़रीब फ़र्श पर बैठ गई। शलूके की जेब से बीड़ी का बंडल निकाला। एक ख़ुद सुलगाई, दूसरी मुनुवा को दी। फिर गले में लटके चाँदी के ख़िलाल से दाँत कुरेदते हुए बोली, "अबके बहुत नन्हे-मुन्ने मुर्ग़े फँसे हैं। किसी की मूँछों का कूंडा भी नहीं हुआ अब लग। लखलऊ के नाबाग़िल नवाबज़ादे ··· बुर्क़े ओढ़के गुल्लू से मिलने आए ··· खी खी खी ··· क़ ··· क़ ··· क़।"

ड्रेसिंगरूम के अंदर गुलनारबाई उर्फ़ गुल्लूजान को दरवाज़े की चटख़नी लगाते देखकर वो चारों लड़के बिलकुल हवासबाख़्ता हो चुके थे। बार-बार दिल में कह रहे थे, बुरे फँसे, बहुत बुरे फँसे। और सब अपने-अपने बुज़ुर्गों के हाथों बेद[1] से पिटने का तसव्वुर[2] करने में खोए बैठे थे।

इतने में एक जादूगरनी-नुमा अधेड़ औरत अंदरूनी दरवाज़े से कमरे में आई।

"अब यह बुढ़िया हमें मक्खियाँ या बकरे बना देगी," उनमें से एक ने अपने साथी के कान में कहा।

जादूगरनी गुलनारबाई और मुनुवा की हमशक्ल थी। घुँघरियाले खिचड़ी बाल। बड़ी-बड़ी आम की फाँकों जैसी आँखों में काजल। नाक में हीरे की लौंग। दायें बाज़ू पर तावीज़। छींट की उटँगी सारी। पाँव में स्लीपर। अजब क़ता[3] थी। उसने चील की-सी नज़रों से लड़कों को घूरा और बोली, "इस मुनुवा के बच्चे को तो पैसे पर रखकर मारूँ।"

"आपा, तुम ज़रा बाहर जाओ। अभी बुलाती हूँ," गुलनार ने कहा। इज्जो-जह नामाकूल यह सुनते ही ग़ायब हो गई। गुलनार अपने ज़ेवर उतारती गई और लड़कों से मुख़ातिब हुई।

"अब फ़रमाइए। आपका इस्मे-शरीफ़[4] ?" उसने सबसे बड़े लड़के से

---

1. बेंत; 2. कल्पना; 3. सज-धज; 4. शुभनाम।

पूछा, जिसने वक़ार[1] के साथ जवाब दिया, "बंदे को बृजबिहारीलाल माथुर कहते हैं।"

"बब्बू ··· बब्बू कहलाते हैं।" बेवकूफ लल्लू ने फौरन किरकिरी कर दी। और बोले, "हम घनश्यामदास रस्तोगी उर्फ़ लल्लू – और ये नन्हे – और ये हमारे शज्जू भैया ··· ।"

"शैयद शुजाअत हुसैन, ताल्लुक़ेदार, करीमपुर, ज़िला हरदोई।" बब्बू ने सिलसिल-ए-तआरुफ़[2] दोबारा अपने हाथ में लेकर मतानत से कहा।

गुलनार फ़ौरन ताड़ गई। ये भोले-भाले शज्जू मियाँ बाप की जवाँ-मर्गी[3] की वजह से ताल्लुक़ेदार हो चुके हैं। ये तीनों उनके मुसाहिबीन[4] हैं।

"आपके क़ानूनी सरपरस्त कौन हैं ?" गुलनार ने शज्जू से दरियाफ़्त किया।

शज्जू ने सरासीमा[5] इमदाद-तलब[6] नज़रों से बब्बूजी को देखा।

"मामूँ–सैयद रिफ़ाक़त हुसैन ··· बैरिस्टर, ताल्लुक़ेदार बाराबंकी। आजकल छुन्नामलवालों के मुक़द्दमे के लिए दिल्ली गए हुए हैं," बब्बूजी ने बताया।

"ओहो ··· बैरिस्टरसाहब का तो हमने नाम सुना है। अख़बार में फ़ोटो भी देखे हैं। अच्छा तो वह शहर में मौजूद नहीं। इसलिए आप लोग नाटक देखने चले आए। ये बुर्के ओढ़ने की तरकीब किसने सुझाई ?" गुलनार ने दफ़अतन[7] हँसकर खुशखल्क़ी[8] से पूछा।

"हमने 'राज़े-इश्क-दर-खुफ़िया पुलिस उर्फ़ गंजीन-ए-सुराग़रसानी'[9] किताब में पढ़ा था," लल्लूजी ने इरशाद किया।

"और आपके वालिद ··· ?" गुलनार ने बब्बूजी से पूछा जो चारों लड़कों में सबसे तेज़फ़हम[10] और होशियार मालूम होते थे।

"हमारे वालिद ··· मिस्टर कुंजबिहारीलाल माथुर, बैरिस्टर ऐट ला।"

"माशाअल्लाह ! और आप ?" तीसरे लड़के से पूछा। वह घबराया हुआ चुप बैठा रहा। बब्बू ने फिर कहा, "इनका नाम नन्हे है। इनके फ़ादर शेख़

---

1. प्रतिष्ठा; 2. परिचय का क्रम; 3. अकाल मृत्यु; 4. चमचे; 5. घबड़ाकर; 6. सहायता माँगनेवाली; 7. अचानक; 8. शिष्टाचार; 9. खुफ़िया पुलिस के अंदर प्रेम का रहस्य उर्फ़ जासूसी विद्याकोश; 10. कुशाग्रबुद्धि।

रशीद अहमद *अवधपंच* अख़बार में काम करते हैं।"

"ये ··· ?" उसने लल्लू की तरफ़ इशारा करके पूछा।

बब्बूजी ने जवाब दिया, "लल्लू के फ़ादर रिफ़ाक़त हुसैन चाचा के रस्तोगी हैंगे।"

गुलनार ने सवालिया निगाहों से बब्बूजी को देखा। वह लखनऊ पहली मर्तबा आई थी।

"हमारे पिताजी जो हैं ··· ," लल्लू ने बड़े वक़ार के साथ तशरीह[1] की। "वह रिफ़ाक़त हुसैन साहब के इलाक़े के मैनेजर हैं।"

"स्कूल जाते हो ?"

"जी हाँ," बब्बू बोले। "हम ला मार्टिनियर में हैं। शज्जू काल्विन ताल्लुक़ेदार्स स्कूल में और नन्हे अमीरुद्दौला जाते हैं।"

गुलनार ने दोबारा लल्लू और नन्हे पर नज़र डाली। दोनों मिस्कीन[2] से बच्चे शज्जू मियाँ और बब्बूजी से कम-हैसियत मालूम होते थे।

"यहाँ कैसे आए ?"

"घर की बग्घी है।" लल्लूजी ने जवाब दिया।

"नहीं। मेरा मतलब है, स्टेज के पीछे कैसे आ निकले ?" गुलनार ने पानदान अपनी तरफ़ सरकारकर पूछा।

"बहार जाने के लिए खुफ़िया रास्ता ढूँढ रहे थे। सुराग़रसानी की किताब में पढ़ा था," लल्लूजी ने फ़रमाया।

"हम अम्मीजान की इजाजत से आए हैं।" शज्जू ने जी कड़ा करके पहली बार बात की। "बुर्क़े इसलिए ओढ़े कि यहाँ हमारे मामूँ मियाँ या माथुर चाचा का कोई जान-पहचानवाला देख न ले। और हमें घर ले जाने के लिए हमारे आदमी आवेंगे। वो हमें ढूँढते होंगे। इजाज़त दीजिए।"

गुलनार को अब लुत्फ़ आ रहा था। कहने लगी, "बैठो मियाँ। घबराओ नहीं। मैंने कह दिया है। तुम्हारे आदमी सीधे यहाँ पहुँचा दिए जाएँगे। पान खाते हो ?"

उन्होंने नफ़ी[3] में सिर हिलाया।

---

1. व्याख्या; 2. दीन-हीन; 3. इनकार।

"सिगरेट तो पीना नहीं शुरू किया ? मत पीना। बुरी आदत है।"

लड़के हैरानो-परीशान गुलनारबाई की सूरत देखा किए। यही बी साहब चंद मिनट पहले अपने लवाहक़ीन को[1] गाली-कोसनों से नवाज़ती कितनी बाज़ारी और लचर मालूम हो रहीं थीं। पल-की-पल में दूसरा मास्क पहन लिया। खुश-इख़लाक़[2]। मुहज़्ज़ब[3]। शफ़ीक़[4]। उन कम-उम्र लड़कों को अभी तजरबा न हुआ था कि इनसान की शख़्सियत के कितने पहलू होते हैं ! एक आदमी के अंदर कितनी मुख़्तलिफ़[5] और मुतज़ाद[6] हस्तियाँ छिपी रहती हैं और बाज़[7] लोग मौका-ओ-महल[8] के लिहाज़ से किस तरह अपना रंग बदलते हैं ! गुलनारबाई की अस्लियत क्या थी ? बाज़ारी या शरीफ़ ? ग़ालिबन दोनों ··· और यह बात शायद खुद उसे मालूम न थी।

बड़ी नफ़ासत से[9] पान की गिलौरियाँ बनाते-बनाते उसकी नज़र उन कापियों पर पड़ी जो लल्लू एहतियात से सँभाले बैठे थे। उसने दरियाफ़्त किया, "स्कूल से सीधे यहाँ आ रहे हो ?"

"जी नहीं ! हम और शज्जू भैया को जो मकालमे[10] और गाने अच्छे लगते हैं, लिख लेते हैं," लल्लू ने जवाब दिया और सिंगार-मेज़ पर रखे मसनूई खंज़र को बड़ी अक़ीदत[11] से देखा जो गुलनार ने फ़ौरन उठाकर उन्हें दे दिया।

लल्लू और शज्जू बड़े इनहमाक[12] से उसे छू-छूकर देखते रहे।

"ऐ छुरी, अच्छी छुरी, दे साथ गर तू साथ है ··· मैं भी औरत ज़ात हूँ और तू भी औरत ज़ात है।" शज्जू ने दुहराया, फिर फ़ौरन झेंप गए।

"सुब्हान-अल्लाह ! ख़ूब हाफ़िज़ा है ![13]" गुलनार ने तारीफ़ की। "थियेटर में काम करने को जी चाहता है ?"

"जी हाँ।"

"नामुमकिन। ग़लत है।" बब्बू ने, जो उम्र में सबसे बड़े होने की वजह से इस वक़्त खुद को उन अहमक़ छोकरों का गार्ज़ियन समझ रहे थे,

---

1. साथवालों को; 2. शिष्टाचारी; 3. सभ्य; 4. वात्सल्यपूर्ण; 5. भिन्न-भिन्न; 6. परस्पर विरोधी; 7. कुछेक; 8. अवसर और स्थिति; 9. सुंदर ढंग से; 10. संवाद; 11. श्रद्धा; 12. तन्मयता; 13. स्मरण-शक्ति।

झुँझलाकर कहा।

गुलनार ज़रा बुरा मान गई। "क्यों ? बंगाल में बड़े-बड़े रईसज़ादे नाटक में काम करते हैं।" उसने कहा।

"बंगाल की बात बंगाली बाबू जानें। हमें उनसे क्या ग़रज़ ?" बब्बू ने जवाब दिया।

"आपकी तरफ़ के भी एक बहुत बड़े ज़मींदार हैं। हाफ़िज़ अब्दुल्लाह। उन्होंने अपनी कंपनी क़ायम की है। खुद एक्टिंग करते हैं। और कितने शरीफ़ज़ादों के नाम गिना दूँ ?"

"जी हाँ। इनके मामा को यही तो फ़िक्र है कि ये हज़रत भी उसी रंग में न रँग जावें।"

गुलनार की हिम्मत-अफ़ज़ाई की वजह से शज्जू अब खुद को बहुत दिलेर महसूस कर रहे थे। उन्होंने बब्बूजी को नज़रअंदाज करके एक्ट्रेस से कहा, "हम तो आग़ासाहब के सारे नाटक पहले किताब में पढ़ लेते हैं। 'सैदे-हवस' का तो हमें एक पूरा सीन ज़बानी याद है। सुनिएगा ?"

"ज़रूर-ज़रूर ... " वह कुर्सी की पुश्त[1] से टेक लगाकर इतमीनान से बैठ गई।

शज्जू मियाँ उठे। खँखारे और हाथ लहराकर आग़ाज़[2] किया–"जब क़ैदख़ाने में बच्चा शहज़ाद कहता है : नहीं ... नहीं ... क़ज़ल, मुझे बँधवाओ नहीं। मैं शोर नहीं करूँगा। भेड़ की तरह बैठा रहूँगा। क़ज़ल बोला, ख़ामोश। शहज़ादा क़ैसर बोला, मैं हिलूँगा भी नहीं। ग़रीब गाय की तरह शोर भी नहीं करूँगा। और लोहे की तरफ़ गुस्से से भी न देखूँगा। तुम जो दुख दोगे, माफ़ कर दूँगा। फिर बोला, देखो। मेरी बेगुनाह आँखों को रोता देखकर लोहा भी ठंडा हो गया। क़ज़ल बोला, मैं उसे फिर गर्म करूँगा।"

कमसिन[3] शहज़ादे की ट्रेजेडी याद करके शज्जू, लल्लू, नन्हे तीनों बहुत मलूल[4] हो गए। गुलनार बड़ी उंसियत[5] से उनके भोले चेहरों के तास्सुरात[6] देखा की। उसे ऐसे सीधे-सादे बेग़रज़ मद्दाहों[7] से आज तक साबक़ा न पड़ा था।

---

1. पीठ; 2. आरंभ; 3. कम-उम्र; 4. दुखी 5. स्नेह; 6. भाव; 7. प्रशंसकों।

दरवाज़े पर दस्तक। उसने उठकर चटख़नी खोली। मिस्टर रुस्तमजी पिस्टनजी, मैनेजर, अल्फ्रेड थियेट्रिकल कं की तवील[1] नाक ज़ाहिर हुई। फिर पूरा चेहरा। फिर खुद। उनके पीछे-पीछे एक ईरानी टोपी। खिचड़ी मूँछें। टूटी ऐनक। स्याह शेरवानी। दूसरी दुपल्ली टोपी। सफ़ेद मूँछें। धागे से बँधी ऐनक। सफ़ेद अँगरखा। दायें हाथ में लिपटी तसबीह-अक़ीक़[2]। उँगलियों में फ़ीरोज़े की नुक़रई अंगूठियाँ। गुलनार ने दोनों हज़रात को बड़ी दिलचस्पी से देखा। वाक़ई लखनऊ को जैसा सुनते थे, वैसा ही पाया। एक से एक रंगारंग अफ़सानवी कैरेक्टर।

"यंग राजासाहब आफ़ करीमपुर का ए.डी.सी.।" पिस्टनजी ने मरऊब[3] आवाज़ में गुलनार को मतला[4] किया। "इनको घर ले जाना माँगता।"

इस असना[5] में जादूगरनीनुमा बुढ़िया कमरे में आकर मोंढ़े पर बैठ चुकी थी। राजासाहब करीमपुर का नाम सुनते ही मारे अदब के उठ खड़ी हुई। वह ज़माना गुज़रे ज़्यादा अरसा न हुआ था जब वह खुद और उसकी बहनें-भांजियाँ नवाबों के सामने खड़े-खड़े गाना सुनाती थीं। उन्हें बैठने की इजाज़त न थी। गुलनार भी मुतास्सिर[6] नज़र आई। तो ये शज्जू मियाँ छोटे-मोटे ज़मींदार न थे; बाक़ायदा राजासाहब थे। इस ख़ानदान के मर्दों से राहो-रस्म पैदा करना ज़रूरी है।

दोनों 'ए.डी.सी.' कुर्सियों पर बैठ गए। ईरानी टोपीवाले ने सरगोशी की,[7] "ओहो! ये गुलनारबाई की वालिदा हैं। गुलज़ारबाई। यह भी अपने ज़माने की नामी एक्ट्रेस थीं। हम इनके नाटक देख चुके हैं। ये बहुत क़दीम[8] हैं।"

गुलनार ने पान की नुक़रई थाली पेश की। कमरे में मुवद्दब[9] ख़ामोशी तारी[10] थी। बब्बूजी ने सोचा, यह ए.डी.सी. की एक ही रही। यह लतीफ़ा मीर हुक्का का मालूम होता है। बब्बू ने दुपल्ली टोपी और अँगरखेवाले बुज़ुर्ग का तआरुफ़[11] गुलनार से कराया, "मीर नासिर रज़ा सफ़वी ···"

गुलनार ने झुककर तसलीम अर्ज़ की।

---

1. लंबी 2. अक़ीक़ पत्थर के दानों की माला; 3. रोब खाई हुई; 4. सूचित; 5. अंतराल; 6. प्रभावित; 7. फुसफुसाहट; 8. पुरानी; 9. सम्मान से भरी; 10. छाई हुई; 11. परिचय।

मिर्ज़ा अब्बास कुली बेग कज़लबाश ईरानी टोपीवाले का नाम था। गुलनार कोर्निश बजा लाई।

मिर्ज़ा अब्बास कुली बेग कज़लबाश ... मीर नासिर रज़ा सफ़वी ... क्या शानदार शाहाना नाम थे! मगर दोनों धान-पान। मिस्कीन। रंजीदा-सूरत। ख़स्ताहाल।

"और भाईसाहब, हमारे अलक़ाब[1] भी सुन लीजिए। मिर्ज़ा गुड़गुड़ी और मीर हुक्का," ईरानी टोपीवाले ने कहा। गुलनार खिलखिलाकर हँस पड़ी। ज़रा बेतकल्लुफ़ी का माहौल पैदा हुआ। गुलनार समेत तमाम हाज़िरीने-महफ़िल[2] को इल्म न था कि मिर्ज़ा अब्बास कुली बेग उर्फ़ मिर्ज़ा गुड़गुड़ी और मीर नासिर रज़ा सफ़वी उर्फ़ मीर हुक्का, दोनों साहबान ईरानो-हिंद के, बिलकुल आग़ा हश्र की-सी घन-गरजवाले माज़ी[3] की बची-खुची यादगार हैं। गुलनारबाई, जो अपने तबके और अपने माहौल के लिहाज़ से बहुत जहीन और हिस्सास[4] लड़की थी, कभी-कभी सोचा करती थी कि थियेटर हाल या मँडवे की स्टेज तो ख़ैर हुई; जिसमें मशीनों के ज़रिये परियाँ ऊपर से उतारी जाती हैं, बर्क़ी[5] रौशनी तरह-तरह के तास्सुर[6] पैदा करती है, रंग-बिरंगी 'शाही' पोशाकों से तिलिस्म बाँधा जाता है। मगर दुनिया का मँडवा इससे ज़्यादा हैरत-अंगेज़[7] है। अंग्रेज़ीदाँ पारसी एक्टर मास्टर महराम फीरोज़ ने एक मर्तबा उसे बताया था कि विलायतवाला शेक्सपियर, जिसके ड्रामों के उर्दू चर्बे हम लोग पेश करते हैं, यही बात बहुत पहले कह गया है।

गुलनारबाई, मास्टर फ़ीरोज, पिस्टनजी के हज़ार-हा[8] शायकीन[9] और तामाशाई, सारा हिंदोस्तान जन्नतनिशान, उर्दू-पारसी थियेटर की मानिंद एक एनोक्रोनिस्टिक तमाशा था और ज़मानो-मकान[10] की क़यूद[11] से आज़ाद–जिस तरह पारसी स्टेज पर हरिश्चंद्र, नल-दमयंती और चंद्रावली ग़ज़लें और रुस्तमो-सोहराब, शीरीं-फरहाद हिंदी भजन गाते थे, अह्दे-चंगेज़ ख़ाँ[12] में जंगे-ट्रांसवाल का जिक्र होता था और 'अरबो-अजम'[13] और 'हिंद-कदीम'[14]

---

1. उपाधियाँ; 2. महफ़िल में उपस्थित व्यक्ति; 3. अतीत; 4. संवेदनशील; 5. बिजली की; 6. प्रभाव; 7. आश्चर्यजनक; 8. हज़ारों; 9. चाहनेवाले; 10. देश-काल; 11. कैद; 12. चंगेज़ के युग में; 13. अरब और ईरान; 14. प्राचीन भारत।

के मसखरे किरदार विक्टोरियन म्यूजिक हाल की मक़बूल धुनों पर बाँधी हुई 'चीजें' अलापकर उधम मचाते थे। हिंदुस्तानी मिज़ाज जमानो-मकान की क़यूद से बेनियाज़ो-आज़ाद हर तफ़रीह से लुत्फ़-अंदोज़ होने के लिए तैयार था। क़दीम संस्कृत रंगभूमि के क़वानीन,[1] मसखरों के जैली[2] प्लाट, नौटंकी के मानिंद गानों की फ़रावानी,[3] ईरानो-तूरान के एपिक्स की शानो-शौकत, स्टाइलाइज़्ड अदाकारी और विक्टोरियन मेलो-ड्रामा का ये माजूने-मुरक्कब[4] जो उर्दू थियेटर कहलाता था, पिछले साठ-सत्तर बरस से कोलोनियल हिंदुस्तान के ख़वासो-अवाम का महबूबतरीन[5] सरमाय-ए-तफ़रीह[6] था। और उसी उर्दू थियेटर के सारे लवाज़िम[7] और खुसूसियात[8] आज के पचास साल बाद तक की हिंदुस्तान फ़िल्म इंडस्ट्री में उसी तरह दायमो-क़ायम रहनेवाली थीं, क्योंकि हिंदुस्तान ज़मानो-मकाँ की क़यूद से आज़ाद था।

आज इस वक़्त, गुलाबी जाड़ों की इस खुशगवार रात रुस्तमो-सोहराब की ज़रा मज़हकाखेज़[9] ट्रैजिक, नस्ली यादगार, बेचारे गुजराती पारसी रुस्तमजी पिस्टनजी, जो जामे-जमशेद की तलछट की भी तलछट की एक बूँद थे, जब बेचारे शज्जू मियाँ को बड़े शेक्सपियरियन अंदाज में 'गुडनाइट यंग प्रिंस' कहकर बाहर गए तो फ्यूडल ऐशपरस्ती की यादगार गुलज़ारबाई ने दिल में सोचा, लखनऊ में दूसरी ही रात एक नवाबी ख़ानदान से गुल्लू की मुलाक़ात नेक शगुन है। उन्होंने नक़ली ताज, बाज़ूबंद और चंदनहार समेटकर अलमारी का पर्दा सरकाया। उसमें नक़ली तलवारों का ढेर कोने में रखा था। लड़के बड़ी दिलचस्पी से उन्हें देखने लगे।

"भैया, अब घर चलिए !" मीर हुक्का ने उठते हुए कहा। उनके उठते ही सब फ़ौरन खड़े हो गए। गुलज़ारो-गुलनार फ़ौरन समझ गईं, शज्जू मियाँ के ज़ाती अमले[10] की अहमतरीन हस्ती यही हैं।

"ये तलवार तो मास्टर अख़्तर आफंदी चला रहे थे।" शज्जू एक तलवार तबर्रुक[11] के मानिंद छूकर बोले।

"मीर साहब," गुलनार ने मीर हुक्का से कहा, "अगर मुनासिब समझें तो

---

1. क़ानून; 2. गौण; 3. आधिक्य; 4. चूँ-चूँ का मुरब्बा; 5. सबसे प्रिय; 6. मनोरंजन का साधन; 7. साज-सामान; 8. विशेषताएँ 9. हास्यास्पद; 10. स्टाफ़; 11. प्रसाद।

साहबज़ादे को थोड़ी देर के लिए तीसरे पहर हमारे होटल ले आएँ। इन्हें मास्टर आफ़ंदी और मास्टर बहराम फ़ीरोज़ दोनों से मिलवा देंगे।"

"अख़्तर आफ़ंदी और बहराम फ़ीरोज़ ?" लड़कों ने खुशी से उछलकर दुहराया।

2. पाम कोर्ट होटल

अमीनाबाद की एक माकूल मेहमान-सराय थी, जिसमें बैरूनजात के शोरफ़ा[1] और वो मुतमव्वल[2] क़दामतपंसद[3] हिंदुस्तानी जेंटिलमैन जो बर्लिंगटन में अंग्रेज़ों की मौजूदगी से घबराते थे, आकर ठहरा करते थे। कुशादा[4] हवादार कमरे, चिप्स के फ़र्श, चीनी गमलों में पाम के सरसब्ज़ पौदे। मुरर्ग़न[5] लखनवी खाना। न्यू अल्फ्रेड का सीनियर स्टाफ़ यहाँ मुक़ीम[6] था। उस वक़्त सब गुलनार के कमरे में जमा थे। संगमरमर के वस्ती[7] मेज़ पर नीले बिल्लौरी गुलदान में गुलाब के फूल महक रहे थे। एक गोशे[8] में पैडल से चलानेवाला फोल्डिंग हारमोनियम रखा था। एक तरफ़ चाँदनी बिछी थी जिस पर गुलज़ारबाई के बेटे और गुलनार के बिरादरे-खुर्द[9] मुन्नू अता मुहम्मद पेटी-मास्टर के साथ बैठे प्यालियों से तश्तरियों में उँडेलकर चाय नोश कर रहे थे। मुंशी 'अफ़सोस' (जो मकालमे[10] याद करवाते थे) दीवार से टेक लगाए मतबा नवलकिशोर का[11] ताज़ातरीन नावेल 'चाबुकसंवार माशूका' पढ़ने में महव[12] थे। सफ़ेद तंग पाजामे, कुर्ते, दुपट्टे में मल्बूस गुलनार मसहरी पर पाँव लटकाए बैठी क्रोशिया बुन रही थी और घरेलू लड़की मालूम हो रही थी। ऐसी शरीफ़-सूरत लड़की इतनी बेहूदा गालियाँ भी बकती है ! चारों लड़कों ने एक बार फिर ताज्जुब से सोचा।

मास्टर अख़्तर आफ़ंदी बेद[13] की कुर्सी पर तिरछे लेटे बीड़ी पी रहे थे।

---

1. बाहर के कुलीन; 2. खाते-पीते; 3. पुरातनपंथी; 4. खुले हुए; 5. रौगन से भरे हुए; 6. टिका हुआ; 7. बीच की; 8. कोने; 9. छोटे भाई; 10. संवाद; 11. नवलकिशोर प्रेस का छपा; 12. खोए हुए; 13. बेंत।

उनके नज़दीक बैठे मिर्ज़ा गुड़गुड़ी ने मुंशी 'अफ़सोस' से बड़ी जानकारी के लहजे में दरियाफ़्त किया, "आग़ा हश्र साहब कंपनी के साथ तशरीफ़ नहीं लाए।"

मुंशी 'अफ़सोस' ने कान की लौ छुई और जवाब दिया, "जी नहीं। आजकल कलकत्ते में तशरीफ़ रखते हैं।"

मिर्ज़ा गुड़गुड़ी दुसरी तरफ़ मुतवज्जह[1] हुए। चारों लड़के मय[2] मीर हुक़्क़ा चाँदनी पर बैठे गुलज़ारबाई की लच्छेदार गुफ़्तगू सुनने में मसरूफ़ थे। गुलज़ारबाई की शख़्सियत भी आज बिलकुल मुख़्तलिफ़ मालूम हो रही थी। कल जादूगरनी लग रही थीं। आज उन्होंने सफ़ेद चूड़ीदार पाजामा, डोरिये का कुर्ता, उस पर मखमली सदरी, हलका आबी दुपट्टा ओढ़ रखा था। झाड़-झंखाड़ बाल भी क़ायदे से समेटे थे। तावीज़ बाजू से उतारकर चोटी में लटका लिए थे। चूहेदँतियाँ, हैकल और बाली-पत्ते पहने बिलकुल गुलाबो बनी बैठी थीं। चाय की किश्तियाँ और केक-पेस्ट्री, दालमोंठ, समोसे और बंगाली मिठाई की प्लेटें चारों तरफ़ बिखरी हुई थीं। एक पेस्ट्री मुँह में रखकर जबड़े चलाती रहीं, "ए बेटा, हम तो इटावे के डेरेदार हैं।" उन्होंने इस अंदाज़ से कहा गोया इटावे की सूबेदार हैं। फिर दालमोंठ फाँकी। बहुत पेटू थीं और मुस्तक़िल[3] खा रही थीं।

गुलनार ने क्रोशिया से पेटीकोट की चौड़ी लेस बुनते-बुनते निगाह उठाकर हाज़िरीने-जलसा को देखा। उसे मीर हुक़्क़ा पसंद नहीं आए थे। अक्खल खरे, जली-कटी बातें करनेवाले। बिगड़े दिल। जाने कौन-सा तख़्तो-ताज छोड़कर आए हैं जो ये दिमाग़ हैं। मिर्ज़ा गुड़गुड़ी अलबत्ता दिलचले शौक़ीन-मिज़ाज आदमी थे। अब वह गुलज़ारबाई से कह रहे थे :

"बी साहब, हमने तो सन अट्ठारह सौ पचानवे में आपका नाटक नलो-दमन देखा था, इसीं लखनऊ के अंदर।"

बाईसाहब को अपना इस तरह डेटेड होना पसंद न आया। ज़रा तवक़्क़ुफ़[4] के बाद जवाब दिया, "मैं तो बारह साल की उम्र में विक्टोरिया नाटक कंपनी की हीरोइन बन गई थी। खुरशीद बालीवाला के साथ काम कर चुकी हूँ।"

---

1. ध्यानाकर्षित; 2. समेत; 3. लगातार; 4. अंतराल।

खुरशीद बालीवाला के नाम पर मास्टर आफ़ंदी ने अपने कान की लौ छुई।

"फिर अपनी तरफ़ की लाइट ऑफ इंडिया थियेटर कंपनी में काम किया।"

"वही आगरेवाली कंपनी, जिसके मैनेजर हाफ़िज़ अब्दुल्ला थे ?" मिर्ज़ा गुड़गुड़ी ने पूछा। उनकी मालूमात क़ाबिले-रश्क[1] थीं।

"उन हजरत ने कलामे-पाक हिफ़्ज़ करने के बाद[2] अच्छा काम किया !" मीर हुक़्क़ा बड़बड़ाए।

"सारे इंडिया का दौरा कर चुकी हूँ। रंगून तलक हो आई," गुलज़ारबाई कहती रहीं।

"आपका वह गाना ··· जब दमयंती जंगल में गाती है – अहा हा ! हमें अब तलक याद है। हमका छाड़ चले महाराज ऐसे उजाड़ बन में ··· " मिर्ज़ा गुड़गुड़ी ने सिर हिलाया।

गुलज़ारबाई ने अबरू[3] से पेटी-मास्टर को इशारा किया। वह हारमोनियम पर तेज़-तेज़ उँगलियाँ चलाने लगे। मुन्नू ने बायाँ हथौड़ी से ठोंकना शुरू किया। गुलज़ारबाई ने बेटे से कहा, "ताल पश्तू।" फिर सामईन[4] को मुख़ातिब किया, "नलो-दमन की एक ग़ज़ल पेशे-ख़िदमत है।"

अब उन्होंने एक कान पर हाथ रखकर गाना शुरू किया :

"अरे हिज्र[5] की आग से घर दिल का मेरे ख़ाक हुआ। ऐसा बेलाग जला, लग गई आके मुझे इश्क़े-सनम की जो हवा ··· क्या लगे कोई दवा ··· "

मिर्ज़ा गुड़गुड़ी ने हर शेर पर झूम-झूमकर दाद दी। गाने के बाद गुलज़ारबाई ने कहा, "पंडितजी ··· 'तालिब' बनारसी।"

मुंशी 'अफ़सोस' ने फिर दायें कान की लौ छुई।

बब्बूजी ने पूछा, "आपकी वालिदा भी एक्ट्रेस थीं ?"

"नहीं मेरे लाल, मैं तो बहू की औलाद हूँ।"

"जी ?" लल्लूजी ने तशरीह[6] चाही।

"अम्मा हमारी ··· अल्लाह करवट-करवट जन्नत नसीब करे ··· सात

---

1. ईर्ष्या की पात्र; 2. कुरआन-शरीफ़ कंठस्थ करने के बाद; 3. भौं; 4. श्रोतागण; 5. वियोग; 6. व्याख्या, स्पष्टीकरण।

पर्दों में रहती थीं। दादी मशहूर गायिका थीं। ग़दर के पहले तो ढाके तलक बुलवाई गई थीं। वहाँ उन्होंने 'बुलबुले-बीमार' में काम किया।"

"सौ पुश्त से है पेशा," मीर हुक्क़ा बोले। गुलज़ारबाई ने, जो चाय के बजाय व्हिस्की नोश कर रही थीं, एक गिलास मीरसाहब को पेश किया।

उन्होंने तुनककर कहा, "बी गुलज़ारसाहब, हमने तो आज तक इस शै[1] को हाथ नहीं लगाया।"

"नहीं लगाया तो बुरा किया ?" वह दोबारा दोनों की तरफ़ मुतवज्जह[2] हुईं।

"आपकी ख़ुल्द-आशियानी[3] जन्नत-मकानी[4] अस्मत-मआब[5] मादरे-गिरामी[6] हमेशा पसे-पर्दा चिराग़े-ख़ाना[7] रहीं ?" बब्बूजी ने दरियाफ़्त किया। कायस्थ बच्चे थे।

"ऐ बेटा, हमारी बिरादरी का यही क़ानून है। हमारी बहुएँ पर्दे में रही हैं, हम अस्ल-नस्ल[8] डेरेदार हैं। सुना है, हमारी सगड़दादी मीरानपुर कड़े की लड़ाई पर गई थीं।"

लड़कों ने ताज्जुब से उन्हें देखा।

"अल्लाह उन्हें करवट-करवट जन्नत नसीब करे! आपकी सगड़दादी जंग मीरानपुर कड़ा में काम आई थीं ? किसकी तरफ़ से ?" मीर हुक्क़ा ने तजाहिले-आरिफ़ाना[9] से इस्तफ़सार[10] किया। "वारेन हेस्टिंग्ज़ ? शुजाउद्दौला ? हाफ़िज़ रहमत खाँ ?"

गुलज़ारबाई ने अब उन्हें नज़रअंदाज़ कर दिया। लड़कों से मुख़ातिब रहीं, "मियाँ, हमारे डेरे चलते थे नवाबों के लश्कर के साथ। मैदाने-जंग में नवाबों का लाल ख़ेमा। जरनैलों, अमीरों-वज़ीरों के ख़ेमे। फिर हमारे ⋯ "

शज्जू ने मासूमियत से दरियाफ़्त किया : "तो आप लोग जंग में जाकर लड़ती थीं ?"

उनके मुशीरे-ख़ास[11] बब्बूजी ने कान में कहा : "अमाँ, घास खा गए हो!

---

1. वस्तु; 2. ध्यानाकर्षित; 3-4. स्वर्गवासिनी; 5. इज़्ज़तदार; 6. इज़्ज़तदार माताजी; 7. घर का चिराग़; 8. अस्ली नस्लवाले; 9. परमज्ञानी जैसी मूर्खता; 10. प्रश्न; 11. विशेष सलाहकार।

चुप रहो। अभी जर्मन की लड़ाई से हमारे डाक्टर जीजाजी लौटे हैं। वह पापा को बता रहे थे कि विलायत में भी कैंप फालोवर्स होती हैं।"

"मेम लोग भी ... पतुरिया होत हैं ?" लल्लू ज़ोर से बोल पड़े। उसी वक़्त मास्टर फ़ीरोज़ कमरे में दाख़िल हुए। सफ़ेद बिरजिस, ऊदा धारीदार कोट, गले में सुर्ख़ रूमाल, गलमुच्छे, सुर्ख़ आँखें। बहराम फ़ीरोज़ बड़ी घनगरजवाले रोल अदा करते थे, मगर अस्लियत में उनका लबो-लहजा और अंदाज़े-गुफ़्तगू[1] इंतहाई पारसी था। लड़कों ने हैरत से उनकी अड़ंग-बड़ंग बंबइया उर्दू सुनी। चंद मिनट बाद बाहर चले गए। मुंशी 'अफ़सोस' ने मिर्ज़ा गुड़गुड़ी को बताया, "पहले ये बेनज़ीर मूनलाइट ऑफ़ इंडिया थियेटर कंपनी में थे।"

"हम बनाएँगे बेतदबीर सनलाइट सोप ऑफ़ इंड़िया थियेटर कंपनी।" मीर हुक़्क़ा ने सोचा और दो-ज़ानू[2] बैठे मंज़र[3] का मुताला[4] किया किए। मीर नासिर रज़ा सफ़वी की क़िस्मत में मुंशीगीरी लिखी थी, वर्ना *अवधपंच* के कालमनवीस होते। मीर सफ़वी और मिर्ज़ा क़ज़लबाश उर्फ़ गुड़गुड़ी, दोनों बैरिस्टर रिफ़ाक़त हुसैन के क्लर्क थे।

"अरे साहब ! हम तो आपके नाच की तारीफ़ ननुवा-बचुवा से सुन चके हैं," मिर्ज़ा गुड़गुड़ी ने अब गुलनार से ख़िताब किया। ननुवा-बचुवा के नाम पर दोनों माँ-बेटियों ने अपने कानों की लवें छुईं। गुलज़ारबाई समोसे की प्लेट साफ़ करने में जुट गईं। कमरे में दफ़अतन ख़ामोशी छा गई। मास्टर अख़्तर आफ़ंदी ने, जो बेहद कम-सुख़न[5] थे, एक और बीड़ी सुलगाई। गुलज़ार ने मसहरी के पास मेज पर पड़ा एक पुराना *पायनियर* अख़बार उठाया। शज्जू को इशारे से बुलाकर पिछले सफ़हे पर छपी एक तसवीर दिखाई। "ये तुम्हारे मामूँ का फ़ोटो है ना ?"

"जी हाँ।"

"पढ़कर बताओ, क्या लिखा है ?"

"मामूँ मियाँ ने यहाँ एक जलसे में तक़रीर की थी, उसका ज़िक्र है।"

"तुम उनसे बहुत डरते हो ?"

---

1. बातें करने का ढंग; 2. घुटनों के बल; 3. दृश्य; 4. अध्ययन; 5. मितभाषी।

"जी हाँ।"

"और ममानी ? वह नर्म-मिज़ाज हैं ?"

"ममानी। वह तो स्कूल में पढ़ रही हैं।"

"स्कूल में ?"

"जी हाँ। मौलवीसाहब का। जज करामत हुसैन का मदरसा। वह हमारे नाना के दोस्त थे। अभी मामूँ से उनका ब्याह कहाँ हुआ है ? बस मँगनी हुई है। आठवीं क्लास में पढ़ती हैं।"

"और तुम ?"

"हम सातवीं में।" ज़रा झेंपे।

यकलख़्त[1] गुलनार उठकर बरामदे में चली गई और चिक की ओट में अमीनाबांद की रौनक़ देखने में महव हो गई। कमरे में महफ़िल जमी रही। गुलज़ारबाई को अरसा-दराज़[2] के बाद एक टूटे-फूटे फ़ैन मयस्सर आए थे। उन्होंने मिर्ज़ा गुड़गुड़ी से दरियाफ़्त किया, "मिर्ज़ासाहब, और ख़िदमत करूँ ? नलो-दमन की एक और ग़ज़ल सुनिएगा ?" साज़िंदों ने फ़ौरन अपनी-अपनी जगह सँभाली। गुलज़ारबाई ने बड़ी दिलदोज़ आवाज़ में शुरू किया–

ढूँढा उसे कहाँ-कहाँ, उसका कहीं पता नहीं,
आए गए यहाँ-वहाँ, हाय वो गुल मिला नहीं।

गुलनार की झलक देखकर होटल के नीचे भीड़ इकट्ठी हो गई। वह बे-दिमाग़ होकर कमरे में आई।

ढूँढा उसे कहाँ-कहाँ, उसका कहीं पता नहीं

अख़्तर आफ़ंदी बीड़ियाँ फूँकते रहे। मीर हुक़्क़ा ने जेब से ज़ंजीरवाली गोल घड़ी निकालकर देखी और लड़कों को चलने का इशारा किया। गुलनार क़द्दे-आदम आईने के सामने जाकर बाल सँवारने लगी। फिर स्टूल पर बैठ गई और अपनी शक्ल ग़ौर से देखती रही। यहूदी की लड़की ⋯ असीरे-हिर्स[3] ⋯ सैदे-हवस[4] ⋯ और अभी एक दरख़्शाँ मुस्तक़बिल[5] सामने मौजूद है।

⋯ आए गए यहाँ-वहाँ, हाय वो गुल मिला नहीं ⋯ वालिदा लहक-लहक गाया कीं।

---

1. एकाएक; 2. लंबी अवधि; 3. लोभ का क़ैदी; 4. वासना का शिकार; 5. उज्ज्वल भविष्य।

3. तोतेवाला बँगला

चारों लड़के मय मीरो-मिर्ज़ा खुले ख़ज़ाने बाक्स में बैठे 'असीरे-हिर्स' मुलाहिज़ा कर रहे थे। इंटरवल में कंपनी के एक लक़ंदरे-से कारकुन ने आकर मिर्ज़ा गुड़गुड़ी से कुछ कहा और वापस चला गया। मिर्ज़ासाहब तरद्दुद[1] से बोले, "तमाशे के बाद पिस्टनजी हम लोगों से मिलना चाहते हैं। जाने क्या बात है ?"

"आपको मिर्ज़ा हिमाक़त बेग का पार्ट पेश करते होंगे।" मीर हुक़्क़ा ने खुश्की से जवाब दिया। ड्राप सीन के बाद जब गुलनारबाई के छहों मेहमानाने-खुसूसी[2] हीरोइन के ड्रेसिंगरूम में सोडा-लेमन उड़ा रहे थे, पिस्टनजी बौखलाए हुए दाखिल हुए। शज्जू को देखा। हाथ जोड़े और कहा, "साहबजी।"

"जी !"

"साहबजी," बब्बू ने मुस्कुराकर जवाब दिया। एक हफ़्ते में बब्बूजी खुद को बेहद मैन ऑफ़ द वर्ल्ड महसूस करने लगे थे। शज्जू रहे वही घोंचू के घोंचू। पिस्टनजी ने छूटते ही फ़रमाया, "तुम नवाब लोग का लखनऊ एकदम कंडम साला !"

शज्जू के चेहरे पर शॉक का असर बहुत नुमायाँ[3] था। मगर पिस्टजनी की तक़रीर जारी रही। "इधर हमार नंबर वन का बाई को देखो ··· देखो ··· " उन्होंने डपटकर दुहराया।

लड़कों ने घबराकर गुलनार पर नज़र डाली, जो निहायत मुज़्महिल[4] और पज़मुर्दा[5] लग रही थी।

"इंडियन शेक्सपियर के तीन मशहूर प्ले का हीरोइन ··· क्या ··· ," पिस्टनजी ने झटके से गर्दन उठाकर कहा, "अब सोचो। रात-भर सोचो ··· दिन-भर सोचो ··· फिर रात-भर सोचो। यह नंबर वन का आर्टिस्ट जिसे बोंबे में बाइस्कोप का ऑफ़र मिल चुका है; जब ये ठीक से स्लीप नहीं कर सकेंगा तो काम कैसे करेंगा ? अक्खा दिन होटल के नीचे मवाली लोग बोम मारता। क्या ··· ?" उन्होंने फिर मुँह उठाकर गर्दन को झटका दिया।

"तो बर्लिंगटन तशरीफ़ ले जाइए", मीर हुक़्क़ा ने नर्मी से कहा।

---

1. चिंता; 2. विशेष अतिथि; 3. स्पष्ट; 4. निढाल; 5. मरी-मरी सी, मुरझाई हुई।

"और दूसरा ख़बर सुनो," पिस्टनजी ने मज़ीद फ़रमाया, "बाई के बराबरवाले रूम में इंफ़्लूएंज़ा का केस हो गया।"

"ओहो ! यह तो ख़तरनाक बात है," मिर्ज़ा गुड़गुड़ी बोले। "फ़ौरन इनको बर्लिंगटन पहुँचा दीजिए।"

"फिर एक और होटल !" गुलनार ने आज़ुर्दगी से[1] कहा। "मैं होटलों में रहते-रहते तंग आ चुकी हूँ। क्या हफ़्ता-दस दिन के लिए एक कोठी का इंतज़ाम नहीं हो सकता ?"

"तुम हाईक्लास लोग हमारा हेल्प करो ना ··· " पिस्टनजी बोले। "एक-आध बंगलो ही भाड़े पर मिल जाए तो कोई हरकत नहीं।"

मिर्ज़ा गुड़गुड़ी ने सोचते हुए अपनी ज़बरदस्त क़ज़लबाश मूँछों पर हाथ फेरा और बोले, "लड़ाई ख़त्म हो गई है। गोरे अफ़सर और साहब लोग लखनऊ वापस आ रहे हैं। इस वजह से कोठियाँ आजकल ज़रा मुश्किल से मिलती हैं।"

"हमारे को भी सब ऐसा ही बोला। तब्बी हमने आप लोग को इधर बुलाया।"

"हम कल शाम तक दो-चार लोगों से मालूम करके आपको कहलवा देंगे। आप भी तलाश जारी रखिए," मिर्ज़ा गुड़गुड़ी ने जवाब दिया।

शज्जू, बब्लू, लल्लू, नन्हे, हस्बे-साबिक़[2] एक क़तार में सोफ़े पर मुतमक्किन[3] थे। सामने ही दीवार पर आवेज़ाँ[4] कैलेंडर पर शज्जू की नज़र पड़ी।

OCTOBER 14, 1919

ज़ेह्न में एक सवाल कौंदा। तोतेवाला बँगला। आज चौदह तारीख़ है। मामूँ मियाँ दिल्ली से लौटेंगे छब्बीस को। साथियों को देखा। वो तीनों भी सर खुजाते हुए शायद यही सोच रहे थे।

"तसलीम नवाबसाहब !" गुलज़ारबाई ने कमरे में आते हुए कहा।

"आदाब !" शज्जू ने ज़रा झेंपकर जवाब दिया। "हम नवाबसाहब नहीं हैं।"

"आए-हाए ··· फिर क्या हो ?"

---

1. तंग आकर; 2. पहले की तरह; 3. बैठे हुए; 4. सुसज्जित।

"हमारे हाँ के ताल्लुक़दार नवाबसाहब नहीं कहलाते।" बब्बू को फिर वज़ाहत[1] करनी पड़ी।

"और क्या कहलाते हैं ?"

"बस ताल्लुक़दार ... या राजा ... ठाकुर।"

"बहुत अच्छा, बंदगी राजासाहब !" गुलज़ारबाई ने कहा।

जब सोलह-साला राजासाहब करीमपुर मय अहबाब[2] ड्रेसिंगरूम से निकलकर बग्घी की तरफ़ जा रहे थे, बब्बू ने उनके कान में फूँका, "अमाँ, वो तुम्हारा तोतेवाला बँगला किराये पर उठता है कि नहीं ?"

"उठता तो है।"

"अभी चार महीने वह करंटी डाक्टरनी उसमें रहकर गई है कि नहीं।"

"तीस रुपये महीने किराया देती थी।" लाला घनश्यामदास रस्तोगी उर्फ़ लल्लूजी ने प्रोफ़ेशनल अंदाज़ में कहा। "हम एक हफ़्ते का बीस रुपये तय करवाए लेते हैं। बल्कि पचीस से शुरू करेंगे। गुलनारबाई वहाँ आ जाएँ, बस रोज़ जाकर गाना सुना करेंगे।" लल्लूजी संगीत के रसिया थे।

"और उनके गाली-गलौच और कोसने कौन सुनेगा ? बँगले को भटियारख़ाना बना देंगी," शज्जू ने ढुलमुल-यक़ीन होकर कहा। "और सबसे बड़ी बात यह कि मामूँ मियाँ को वापस आकर पता चल गया तो हमारी बखिया नहीं उधेड़ देंगे !"

"उन्हें पता कैसे चलेगा ? सब मामलात ख़ुफ़िया।" लल्लूजी ने गंजीन-ए-सुराग़रसानी[3] के अबवाब[4] याद करने शुरू किए।

मीरो-मिर्ज़ा को पीछे-पीछे आता देखकर वो ख़ामोश हो गए।

सुबह स्कूल जाने से पहले शज्जू दफ़्तर के कमरे में गए जहाँ मीर हुक़्क़ा एक मिसिल पर सर झुकाए लिखने में मसरूफ़ थे। शज्जू ने फ़ौरन झिझकते हुए बात शुरू की :

"मीरसाहब !"

---

1. स्पष्टीकरण; 2. दोस्तों के साथ; 3. जासूसी-विद्याकोश; 4. अध्याय।

"हाँ भैया !"

"ये गुलनारबाई कितनी अच्छी हैं बेचारी !"

मीरसाहब ने ऐनक माथे पर सरकाकर उनको देखा और बोले, "भैया, बस आपका शौक काफ़ी से ज्यादा पूरा हो गया। दो तमाशे देख आए। उन सब लोगों से मिल लिए। अब जाइए, अपनी पढ़ाई शुरू कीजिए। स्कूल जाइए। आप दो साल से सातवीं क्लास में फ़ेल हो रहे हैं।"

यही राजा शुजाअत हुसैन की दुखती रग थी। फ़ौरन आँखों में आँसू भर आए। चंद लम्हों बाद दिल कड़ा करके मुद्दुआ बयान कर ही दिया। "मीरसाहब, गुलनारबाई को बँगले में बुला लें ?"

मीर हुक्क़ा चौंक उठे। "भैया, क्यों अपनी शामत को पुकारते हो ! अलावा इसके कि यह निहायत नाज़ेबा[1] बात है। मियाँ को जब मालूम होगा ··· "

"मियाँ ! मियाँ ! मियाँ ने हमारा जीना दूभर कर दिया है।" शज्जू ने यकलख़्त चिल्लाकर कहा।

"ख़ामोश !" मीर हुक्क़ा ने गरजकर डाँटा। शज्जू भैया रोते, आँसू बहाते तीर की तरह सीधे माँ के कमरे में पहुँचे। वह तख़्त पर बैठी कुछ कतरब्योंत में मसरूफ़ थीं। जाकर उनकी गोद में सर रख दिया और सिसकियाँ भरने लगे। माँ इकलौते, यतीम नूरे-नज़र[2] को इस तरह रोता देखकर बेताब हो गईं। दहलकर बोलीं, "चाँद, मेरे लाल, भइया, क्या हुआ ··· ? ख़ैरियत ?"

शज्जू और रोए। जब चंद मिनट बाद जी हलका हुआ, माँ के दुपट्टे से आँसू खुश्क करके सारी दास्तान सुनाई।

वालिदा खुद रोने लगीं। फिर नाक सुनुककर बोलीं, "आज तुम्हारे अब्बा ज़िंदा होते, या नाना, तो किसी की मजाल पड़ी थी कि तुम्हारी इतनी-सी फ़रमाइश पूरी न होती ?"

माँ की यह हिमायत देखकर राजासाहब फ़ौरन शेर हो गए। "अम्मीजान, मीरसाहब को बुला लाऊँ ?"

"बुला लाओ।"

---

1. अशोभन; 2. आँख की रौशनी (सुपुत्र)।

मीर हुक्क़ा खँखारकर कमरे में दाख़िल हुए। मुफ़लिसो-फ़रो-तन[1] मीरसाहब शाहाने-सफ़विया[2] के ख़ानदान से थे। उनका पासे-अदब[3] था और उम्र में बहुत बड़े थे। वर्ना कोई और अहलकार[4] होता तो रानीसाहब करीमपुर उसकी तबीयत साफ़ कर देतीं।

वही मुक़द्दमा दोबारा पेश किया गया। रानीसाहब, जो मैके मे बड़ी बिटिया कहलाती थीं, सब सुनकर बोलीं, "मीरसाहब, हमारी तरफ़ से इजाज़त है। मियाँ को हम समझा लेंगे।"

मीर हुक्क़ा ने ताज्जुब से उनको देखा। मामता[5] ऐसा अंधा और औंधा जज़्बा है जिसकी हद नहीं। मीरसाहब आहिस्ता-आहिस्ता क़दम उठाते कमरे से बाहर आए। फ़तहमंद-सुर्ख़रू शज्जू भैया ने पीछे-पीछे आकर पूछा, "हम पिस्टनजी को कहलवा दें ?"

मीरसाहब बरामदे के एक सुतून से टिककर बोले, "भैया, ज़रा यह सोचिए, उन लोगों को अच्छी तरह मालूम है कि बैरिस्टरसाहब थियेटरबाज़ी के शदीद मुख़ालिफ़[6] हैं। तो वह लोग अदबदाकर उन्हीं के मकान में क्यों आकर रहेंगी ?"

"उनको यह थोड़ा ही बताएँगे कि बँगला हमारा है। कह दीजिए, हमारे पड़ोस में एक काटेज ख़ाली है। उनको पता ही न चलेगा। उसका सब इंतज़ाम हम और लल्लू कर लेंगे। आप फ़िक्र न कीजिए।"

मीर हुक्क़ा ने नज़रें उठाकर तास्सुफ़[7] से साहबज़ादे की शक्ल देखी। जासूसी नावेल ⋯ थियेटर ⋯ बड़े होंगे तो अय्याशी ⋯

दूसरे रोज़ मिस गुलनार, गुलज़ारबाई, मुनुवा और कुंदन महरी का तायफ़ा[8] मय साज़ो-सामान, दो ताँगों पर सवार बैरिस्टर रिफ़ाक़त हुसैन की कोठी, वाक़ा[9] क्लाइड रोड के, उक़बी[10] फाटक में दाख़िल हुआ। वसीअ[11] अहाते के एक सिरे पर फूँस की वह बँगलिया खड़ी थी, जो कभी-कभार किराये पर उठा

---

1. ग़रीब और कृशकाय; 2. ईरान के सफ़वी बादशाह; 3. सम्मान; 4. कार्मिक; 5. ममता; 6. भारी विरोधी; 7. अफ़सोस की भावना; 8. दल; 9. स्थित; 10. पीछे के; 11. चौड़े।

दी जाती थी, वर्ना गेस्ट हाउस का काम देती थी। बँगले के सदर दरवाज़े पर ताला पड़ा था। गुलनार बाहर लॉन पर खड़ी खुशी से बाग़ का नज़ारा करती रही। कैसी पुरफ़िज़ा[1] जगह थी। शज्जू और लल्लू का सिखाया-पढ़ाया माली नमूदार[2] हुआ। दरवाज़े का ताला खोला और बंदगी करके ग़ायब हो गया। वो सब अंदर गए, मुनुवा ने गोल कमरे की खिड़कियाँ खोलीं। हवा का ऐसा फ़ुरहतबख़्श[3] झोंका अंदर आया गोया जन्नत की खिड़की खुल गई। पिस्टनजी ने सुबह-शाम खाना भिजवाने का इंतज़ाम कर दिया था। अपनी मालकिनों की ख़ानाबदोशी की आदी कुंदन ने स्टोव जलाकर चाय का पानी रखा। गुलनार खिड़की में से बाहर झाँकने लगी। बँगले के पिछवाड़े पपीते और सीताफल के पेड़ लगे थे। उसके बाद एक जाफ़री[4] पर मार्निंग ग्लोरी की घनी बेल फैली हुई थी। जाफ़री के सिरे पर बाँस का छोटा-सा फाटक। दूसरी तरफ़ बहुत बड़ी सफ़ेद रंग की कोठी। मिर्ज़ा गुड़गुड़ी ने बतलाया था कि बैरिस्टरसाहब की कोठी पड़ोस में ही है; वही होगी। वह बेद के सोफ़े पर आ बैठी। कुंदन ने गिलास में 'कड़क' चाय पेश की। आपा दूसरे कमरे में चीज़ें सँगवा रही थीं।

गिलास बहुत गर्म था। उसे नज़दीक के बुक-शेल्फ़ पर रखकर गुलनार किताबों का जायज़ा लेने लगी। मंसूर मोहना, रोज़ अलेबर्ट हिस्सा अव्वलो-दोम, कलजुग की खूँटी उर्फ़ बाज़ीच-ए-अतफ़ाल[5] मुतरजिमा[6] द्वारकापरशाद 'उफ़क़', क़िस्सा उमर अय्यार ... इस किताब के सरे-वरक़[7] पर बचकानी राइटिंग में लिखा था – सैयद शुजाअत हुसैन, जमाअत पंजुम, काल्विन ताल्लुकेदार्स स्कूल, लखनऊ। गुलनार चौंक उठी। अच्छा, यह बात है ! मज़ीद तजस्सुस[8] से उसने दूसरी किताब निकाली। वह अंग्रेज़ी से नावाक़िफ़ थी। भूरे रंग के *ला-सोसाइटी जर्नल* में से एक पोस्टकार्ड नीचे गिरा। पता उर्दू में था। किसी मुवक्किल का ख़त था – आलीज़नाब सैयद रिफ़ाक़त हुसैन साहब बैरिस्टर को मिले ...

गुलनार का सर चकरा गया। दूसरे कमरे में पहुँची। वहाँ दीवार पर वही तसवीर आवेज़ाँ थी जो परसों-नरसों *पायनियर* अख़बार में देखी थी।

---

1. सुंदर वातावरणवाली; 2. प्रकट; 3. ताज़गी देनेवाला; 4. छोटा मचान; 5. बच्चों का क्रीड़ांगन; 6. अनूदित; 7. जिल्द; 8. और अधिक जिज्ञासा।

अब क्या करूँ ? इस गाउदी छटंकी राजा ने ग़ज़ब किया ! क्यों ... बेचारे ने अपनी तरफ़ से तो भलाई ही की। अब वापस कहाँ जाऊँ ? शहर में इंफ़्लूएंज़ा की हवा फैलती ही जा रही थी। अव्वल तो होटल थे ही नहीं; जो इक्का-दुक्का थे वो मख़्दूश[1] । पिस्टनजी खुद कूच का इरादा कर रहे हैं। चंद रोज़ की बात और है। हर-चे बादाबाद ![2] बहरहाल, वह खुर्द-दिमाग़ मौलवी बैरिस्टर छब्बीस तारीख़ को लौटेगा, इससे पहले रवाना। इस भोले शज्जू ने कम-अज़-कम चंद रोज़ के लिए एक आरामदेह पुरसुकून ठिकाने का बंदोबस्त कर दिया। उसने बेडरूम में जाकर माँ को बताया।

"हूँ !" वह खिल उठीं। "लाए महाराजा हमें छल करके।" कमर पर हाथ रखकर गुनगुनाने लगीं। वालिदा मुहतरमा के इस क़दर शदीद बाज़ारीपन से बाज़-औक़ात[3] गुलनार की जान जलकर रह जाती थी। फिर उसे ख़याल आता था कि वह खुद भी गाहे-ब-गाहे इसी क़िस्म की सस्ती हरकतें करती है, और उलझकर चुप रहती थी। वालिदा ने फ़रमाया, "घबराए क्यों है गुल्लू ? इसमें भी अल्लाह की कोई मस्लहत होगी। मैं तो जबसे इस छटंकी राजा से मुलाक़ात हुई है, यही सोच रही हूँ कि नेक शगुन है। 'पन्ना' का क़िस्सा भूल गई। इसी तरह नवाब ने जाकर अपने बाग़ में उतारा था। तेरे ही मामूँ की लड़की है; कोई आसमान से नहीं उतरी। न सुर्ख़ाब के पर लगे हैं ... लो जी ... महीने के अंदर रईस ने निकाह कर लिया। रियासत की छोटी बेगम बन बैठी। नवाब अलमास-महल ख़िताब मिला है।"

गुलनार को हँसी आ गई। "आपा, बेचारा शज्जू बच्चा तो मुझसे निकाह करने से रहा।"

"ऐ शज्जू न सही, कोई और रईस सही। और निकाह का ज़िक्र क्या है ? ज़रा आँखें खोलकर देखो। यह बहुत पैसेवाली तगड़ी पालटी है। अवध के नवाब लोग हैं, मज़ाक़ नहीं। हमारी तरफ़ के उजड्ड देहाती जमींदार ना हैं। ज़रा बँगला तो देखो, कैसा सजा रखा है ! वह तो जब माली कुल्फ़[4] खोलकर चुपचाप लौट गया जभी मैं ताड़ गई, कुछ दाल में काला है।"

वालिदा जिस क़दर खाती थीं, उसी क़दर बेथकान लगातार बोलती थीं।

---

1. [illegible] के कारण; 2. हर्ज क्या है; 3. कभी-कभी; 4. शुद्ध शब्द कुफ़्ल अर्थात ताला।

गुलनार तौलिया उठाकर बाथरूम में चली गई। वहाँ भी सब सामान क़रीने का। पीतल की गंगाम[1] में बाग़ के कुएँ से निकला ताज़ा-ताज़ा पानी। कोने में ईंटों पर धरा हमाम। उसके नीचे बड़ा क़लईदार लोटा। सफ़ेद मेज़ पर फूलदार चीनी का जग, मग्गा और चिलमची। नीले किनारेवाला सफ़ेद तामलोट।

वह गुसलखाने में देर तक नहाती रही और काहिली से चिड़ियों की चहकार सुना की। फिर बाल सुखाने की ख़ातिर सब्ज़े[2] पर निकल गई। हरदेई मालन घास खोदते-खोदते हैरत से उसे तकने लगी। इतनी सुंदर नौटंकीवाली !

अमरूद से लदे दरख़्तों पर तोते बैठे थे और जाफ़री पर फैली मार्निंग ग्लोरी की बेल में तेज़-नीले बिगुलनुमा सैकड़ों फूल खिले हुए थे। जाफ़री के उधर कोठी की झलक नज़र आई। सफ़ेद मैले-मैले ग़रारे पहने मामाएँ इधर-उधर आ-जा रही थीं। मुर्ग़ियाँ चरती-चुगती फिर रही थीं। दूर से भैंसों के डकराने की आवाज आ रही थी। किस क़दर पुरसुकून,[3] महफ़ूज़[4] और मामून[5] जगह थी।

बाल सुखाकर टहलती हुई वह बँगले में वापस आई और कमरे-कमरे फिरने लगी। गुलाबी और सब्ज़ फूलदार टाइलों से मुज़य्यन[6] सिंगार-मेजें झाल-पाल, क़िलेनुमा साइड-बोर्ड, बारहसिंघे के सींगोंवाला फर्नीचर, स्याहो-सफ़ेद टाइलों पर कश्मीरी नमदे। दीवारों पर इंग्लिस्तान की सीनरी की रंगीन तसवीरें, जो विलायती रिसालों से तराशकर फ़्रेम की गई थीं। वह फिर खिड़की में जा बैठी और सोचा, "जब मेहमानख़ाना इतना आरामदेह है तो घर कैसा न होगा ?" पैदाइश के बाद से माँ के साथ और फिर हिंदुस्तान और बर्मा के दौरों पर सरायों, ख़ेमों और होटलों में ज़िंदगी गुज़ारी थी। बड़ी आरज़ू और रश्क के साथ आँखें बंद कीं और तसव्वुर[7] करने लगी। "इस सफ़ेद कोठी के कमरे अंदर से कैसे होंगे ! इसमें कैसी पर्दानशीनें रहती होंगी ! महफ़ूज़ो-मामून इस वक़्त क्या कर रही होंगी !"

शज्जू की वालिदा रानीसाहिबा करीमपुर अपने कमरे में तख़्त पर बैठी छोटे भाई की बरी के लिए ऊदे, फ़र्शी पायजामे की गोट पर माही पुश्त का जाल बनाने में मसरूफ़ थीं। सारे घर में शादी के इंतज़ाम का कारोबार फैला हुआ था। रिश्तेदार बीवियाँ और बाँदियाँ बे-तरह मसरूफ़ थीं। सुबह से एक नई दिलचस्पी यह पैदा हुई थी कि तोतेवाले बँगले में थियेटरवालियाँ आकर उतरी थीं और वह भी

---

1. टब; 2. हरी घास; 3. शांतिपूर्ण; 4. सुरक्षित; 5. बेहलचल; 6. सुसज्जित; 7. कल्पना।

खुफ़िया। इस 'खुफ़िये मुआमले' में सब गले-गले पानी शज्जू मियाँ के साथ थीं, क्योंकि सब बैरिस्टरसाहब की खुश्क-मिज़ाजी से शाकी थे[1] और अब जरा तफ़रीह का मौक़ा मिला था। खुद बड़ी बिटिया, शज्जो की वालिदा एक बार पिछले बरामदे से जाकर झाँक आईं, जहाँ से तोतेवाला बँगला नज़र आता था। बाप; अल्लाह जन्नत नसीब करे, और मरहूम शौहर के ज़माने में इसी तोतेवाले बँगले में आए दिन राग-रंग की महफ़िलें जमा करती थीं। मुशायरे, क़व्वालियाँ ··· ननुआ-बचुवा और जानकीबाई यहाँ आकर उतर चुकी थीं। कौन अनोखी बात थी ? बेचारा यतीम बच्चा, जिसकी सूरत देखकर जीती थीं और जो मामूँ के सामने सहमा-सहमा रहता था, उसकी इतनी-सी खुशी पूरी हो गई; कौन ग़ज़ब हुआ ? लेकिन सुबह-सवेरे ही मीर हुक़्क़ा को हुक्म दे चुकी थीं कि भइया वक़्त-बेवक़्त बँगले की तरफ़ न जाने पावें; आप साथ जाइए। अब वह इतमीनान से बैरिस्टरसाहब की बरी के जोड़ों की तैयारी में मुनहमिक[2] थीं।

कुंदन कुटनी, वह फ़ख़्रपेश-ए-दल्लालाँ,[3] सहपहर[4] तक शागिर्दपेशे[5] की असीलियों में रुल-मिलकर सारी टोह ले आई। लहँगा घुमाती बँगले पर वापस पहुँची। गुलनार झपकी लेकर उठी थी। गुलज़ार फ़र्श पर बैठी, आईना सामने रखे अपने झाड़-फ़ानूस बाल सँवार रही थी।

"कहाँ मर गई थी हर्राफ़ा ? चाय बना।" गुलनार ने जम्हाई लेकर कहा।

"हो आई अपने यारों में ?" गुलज़ारबाई ने दरियाफ्त फ़रमाया।

कुंदन ने स्टोव सुलगाते हुए सारी अलिफ़-लैला सुना दी। "मियाँ, यानी बैरिस्टर रिफ़ाक़त हुसैन की ज़मींदारी जिला बाराबंकी में है। उधर बड़े सरकार ने उनको पढ़ने भेजा विलायत और इधर वह खुद और उनके दामाद शज्जू के बाप ··· प्लेग में चटपट ··· शज्जू दस साल के थे, उनका इलाक़ा कोर्ट ऑफ़ वार्ड ने ले लिया इंतज़ाम की ख़ातिर ··· मियाँ विलायत से लौटे तो कुनबे की सारी ज़िम्मेदारी उन पर आन पड़ी। वह भी माँ-बाप के इकलौते लड़के। माँ जिंदा हैं।

---

1. शिकायतें लिए हुए थे; 2. तल्लीन; 3. दल्लालों के पेशे की शान; 4. तीसरा पहर; 5. नौकरों के निवास।

यहीं कोठी में रहती हैं और एक बड़ी बहन ··· शज्जू की वालिदा। उन्हें उनके इलाक़े करीमपुर से अपने पास बुलवा लिया। लड़के को स्कूल में दाख़िल करा बाप और बहनोई ने खूब रंगरलियाँ मनाई थीं। बहुत दौलत उड़ाई। उन मियाँ को इसका असर यह हुआ कि खेल-तमाशे, नाच-गाने से लल्लही। बस शाम को क्लब जाकर बैट-बल्ला खेल आते हैं। ईद के चाँद ब्याह होगा। मंगेतर ख़ाला की लड़की है। उसका क़िस्सा भी मालूम कर आई। विलायत जाते वक़्त ख़ाला-ख़ालू से कह गए थे, मेरे पीछे लड़की को अंग्रेज़ी न पढ़ाई तो लंदन से मेम कर लाऊँगा। इस डर से उन लोगों ने लड़की को स्कूल में डाल दिया। बैरिस्टर दबंग आदमी है ··· "

"ख़ैर !" गुलजारबाई ने चोटी करते हुए होंठ बिचकाकर कहा। "इन मियाँजी का तमाशा भी हम देखेंगे।" और गुलनार पर नज़र डाली। इन माँ-बेटियों का ज़ाती[1] और ख़ानदानी तजरबा यही बताता था—जो मुर्ग़ा जितना पारसा[2] हो, समझ लो उतनी आसानी से ही दाम में फँसेगा। गुलज़ारबाई उस वक़्त न जाने क्या-क्या स्ट्रेटजीज़ बनाने में मह्व थीं, मगर गुलनार का दिल अचानक ज़ोर-जोर से धड़कने लगा। उसने उठकर चुपके से बेदमुश्क पिया और बाग़ में चली गई।

फिर उसे बैरिस्टरसाहब की तसवीर तके जाने का ख़ब्त-सा हो गया। जब मौक़ा मिलता, जाकर उसके सामने खड़ी हो जाती और जाने क्या-क्या सोचा करती। नामुमकिन ख्वाब।

4. राग दिले-चमन

दूसरे रोज़ सुबह शज्जू मिर्ज़ा गुड़गुड़ी के साथ बँगले पर पहुँचे। सलाम-दुआ के बाद शज्जू ने कहा, "हम यहाँ नज़दीक ही रहते हैं। सोचे, आपसे पूछ आएँ, किसी चीज़ की जरूरत तो नहीं ?"

उनकी इस सादादिली पर गुलनार को बेसाख़्ता हँसी आ गई। उसने

---

1. निजी; 2. पवित्रतावादी।

जवाब दिया, "शज्जू मियाँ। वह राजे-इश्क़-दर-खुफ़िया-पुलिसवाली किताब आपने ग़ौर से नहीं पढ़ी। लेकिन गंजीन-ए-सुरागरसानी मैंने ढूँढ निकाला। आइए दिखलाऊँ।" गोल कमरे में ले जाकर उसने किताबें पेश कीं जिन पर मालिक-मकान के नाम लिखे थे। और मालिक-मकान की तसवीर दिखाई। शज्जू झेंपकर चुप हो गए। गुलनार ने मिर्ज़ा गुड़गुड़ी से कहा, "हमने नादानिस्ता[1] ओखली में सर दिया।"

"क्या कहें बाईसाहब। उनकी बाल-हठ थी और आपको मकान की जरूरत।" मिर्जा गुड़गुड़ी नदामत[2] से बोले।

तोतेवाले बँगले में आए उसे पाँच दिन गुज़र गए। वह बड़ी शराफ़त और ख़ामोशी से रह रही थी। सुबह को रियाज़ करती जिसे शज्जू और लल्लू कोठी के बाग़ में बैठकर सुना करते। शागिर्दपेशेवाले भी इधर-उधर दरख्तों के नीचे जमा हो जाते। रात को शज्जू अपने कमरे में बैठकर नाटक लिखते। 'असीरे-हिर्स' के मिर्जा हिमाकत बेग, झंझट और बी नहूसत ने उनको बहुत 'इंस्पायर' किया होगा। सनीचर की रात होमवर्क के बजाय (मुझे समझा है क्या हरचरनदास ?) बहुत देर तक लैंप के सामने क़लम-कागज लिए बैठे रहे। निबवाला क़लम नुक़रई दवात में डुबो-डुबोकर बार-बार 786 लिखा। दिमाग़ पर बहुत ज़ोर डाला पर कोई प्लाट समझ में न आया। अब अचानक कास्ट के नाम सूझ गए। फ़ौरन लिखना शुरू किया। 786, जनाना पार्ट : वीरानजहाँ बेगम, हवन्नक़ बानो, बरबादी ख़ानम। मर्दाना पार्ट : अहमक़नवाज जंग, गबिउद्‌दौला, वहशतुज़्ज़मा, खौफ़नाकसिंघ। अब उन पर एक इल्हामी[3] कैफ़ियत तारी[4] थी और नाम थे कि बारिश के फुवार की तरह सफ़ह-ए-कर्तास[5] पर गिरते चले जा रहे थे। अपनी जूदते-तबा[6] पर अश-अश करते राजा शुजाअत हुसैन कुछ देर बाद कापी-बुक पर सर रखकर ऊँघने लगे।

सुबह दस बजे ही बब्बूजी, लल्लूजी और नन्हे कोठी पर आन धमके।

---

1. अनजाने में; 2. शर्मिंदगी; 3. आकाशवाणी; 4. छाई हुई; 5. कागज़ की सतह; 6. तबीयत की उमग।

शज्जू मियाँ उस वक़्त नाश्ता कर रहे थे और तोतेवाले बँगले से तबला खड़कने की आवाज़ आ रही थी। लल्लूजी बेसब्री से बोले, "आज शायद यहूदी की लड़की की रिहर्सलें हो रही हैं। चलो देख आएँ।"

"मीर हुक़्क़ा को बुला लो," शज्जू ने जवाब दिया। नाश्ता अधूरा छोड़ अपने नाटक (जो अभी कास्ट के नामों से आगे न बढ़ सका था) की कापी-बुक लेने अपने कमरे की तरफ़ भागे। फिर मीर हुक़्क़ा, मिर्ज़ा गुड़गुड़ी और तीनों दोस्तों के हमराह[1] और बड़ी बिटिया की इजाज़त के साथ काटेज की सिम्त[2] रवाना हुए।

गुलनार बरामदे में खड़ी हरदेई मालन से अपने लिए हार गुँथवा रही थी। "आ गई चांडाल-चौकड़ी।" उसने लड़कों को देखकर मुसर्रत से कहा। तोतेवाले बँगले में उस वक़्त ग़ैर-मुतवक़्क़ा[3] तौर पर बड़ी रौनक थी। 'असीरे-हिर्स' के दोनों मसख़रे, उनके अलावा मास्टर अख़्तर आफ़ंदी, मास्टर फ़ीरोज़, अता मुहम्मद पेटी-मास्टर, मुन्नू ··· कुंदन महरी चाय बना-बनाकर सबको दे रही थी। गुलज़ारबाई एक कोने में बैठी बाक़रख़ानियाँ[4] उड़ा रही थीं, जो सुबह-सुबह मुन्नू साइकिल पर जाकर चौक से लाए थे। मास्टर फ़ीरोज़ सोफ़े पर उकडूँ बैठे गुजराती रस्मुल-ख़त[5] में छपी 'राग दिले-चमन' की वरक़गरदानी कर रहे थे, जो थियेटर की क़दीम-तरीन[6] ग़ज़लों का मजमूआ[7] और नाटक-मंडलियों का बाइबिल था। मास्टर फ़ीरोज़ न्यू अल्फ़्रेड कम्पनी के नंबर वन गवैये थे। सुबह से शुग्ले-मै[8] शुरू कर देते थे और मुस्तक़िल गुनगुनाते और तरह-तरह की दिलावेज़[9] धुनें बिठाते रहते थे।

कोठी से आए हुए मुअज़्ज़िज़[10] मेहमानों को ड्राइंगरूम में बिठाने के बाद गुलज़ार ने लल्लूजी से पूछा, "असीरे-हिर्स कैसा लगा ?"

"नंबर वन।" लल्लूजी ने उँगली उठाकर रुस्तमजी पिस्टनजी के अंदाज़ में जवाब दिया। "अब यहूदी की लड़की प्रैक्टिस करेंगी ?"

"कौन ··· ? मैं ? नहीं तो। तुम लोग कुछ सुनना चाहते हो ?" गुलनार ने पूछा।

---

1. साथ; 2. तरफ़; 3. अप्रत्याशित; 4. मैदे की रौग़नी और ख़स्ता रोटियाँ; 5. लिपि; 6. प्राचीनतम; 7. संग्रह; 8. मद्यपान; 9. चित्ताकर्षक; 10. प्रतिष्ठित।

"बेटा, हम तुम्हारे गुलामों के गुलाम। जिसको जो हुक्म दो, वह ख़िदमत करे।" गुलज़ारबाई बोलीं। आज वह जादूगरनी या गुलाबो-शताबो के बजाय अस्ल-नस्ल नायिका लग रही थीं।

शज्जू ने जरा तकल्लुफ़ से गुलनार को मुख़ातिब किया, "हमें एक-आध कॉमिक सीन सुनवा दीजिए।"

गुलनार ने दोनों मसख़रों को इशारा किया। पासिंग शो की डिबिया जेब में डालकर उन साहब ने, जो मिर्ज़ा हिमाक़त बेग बनते थे, झुककर नौ-उम्र राजासाहब को तसलीम अर्ज़ की। खँखारे और आस्तीन चढ़ाकर कमरे में टहलना शुरू किया। फिर यकलख़्त[1] गरज़ पड़े, "फ़िक्र-फ़िक्र-फ़िक्र-फ़िक्र। जितनी मुझको है, उतनी अगर कोई साहूकार करता, मुफ़लिस बैंक का हिस्सेदार बन जाता। अगर कोई नाटक का मुंशी करता, उसका नया खेल पास हो जाता। अगर जनरल कूपर करता तो ट्रांसवाल का सत्यानाश हो जाता।"

चारों नौजवान महबूत[2] होकर मसख़रे को देखा किए। कुंदन महरी दहलीज़ के पास फ़र्श पर बैठी बकरी की तरह पान चबा रही थी। दूसरा मसखरा, जो 'असीरे-हिर्स' में झंझट बनता था, झट उससे मुख़ातिब होकर गाने लगा। "अरे वाह जी वाह ··· ये लूना चमारी ··· हो सूरत पे वारी ··· बुढ़ापे का टट्टू, मुहब्बत पे लट्टू। इधर-उधर ज़िनगी[3] जवानों में, जंगी घरानों में होता शुमार ! तू है मेरी जानी, तू है नानी। तू है मेरी ख़ालाजान। जान ले। ईमान ले। मकान ले।"

गुलज़ारबाई ने क़हक़हा लगाया। लल्लूजी खुशी से बेहाल थे। मीर हुक़्क़ा अपनी जगह पर कसमसाए।

फिर सारी कंपनी ने गुलज़ारबाई समेत 'असीरे-हिर्स' का मक़बूल[4] गाना, जो पिछले तीन-चार दिन से लखनऊ के लौंडे गली-कूचों में गाते फिर रहे थे, गाना शुरू किया : "सूरत-सीरत में चंदा[5] ··· हर फ़न कामिल[6] है बंदा। शक्ल मुछंदर। अक़्ल में बंदर। ख़ासे क़लंदर। वाह जी वाह।"

लल्लूजी भी ताल देकर साथ लग गए।

"मेंबर बनकर, घर-घर फिरकर, टैक्स लगाएगा बंदा।"

---

1. एकाएक; 2. स्तब्ध; 3. हब्शी; 4. लोकप्रिय; 5. दूसरों से अलग; 6. हर कला में माहिर।

"आहा ! वाह-वाह, खूब निकला ये धंधा।"

"यारों में, ग़ारों में, भंगी-चमारों में, धोबी-कहारों में पाऊँगा नाम। कुर्सी पर बैठूँगा, यारों में ऐंठूगाँ। दौलत समेटूँगा मैं सुबहो-शाम। ख़ानबहादुर बनके, चाल चलूँगा तनके।"

अब सब मूड में आ चुके थे। बब्बूजी, शज्जू और मिर्ज़ा गुड़गुड़ी कोरस में शामिल हो गए। "सूरत-सीरत में चंदा। हर फ़न कामिल है बंदा।"

दफ़अतन गुलनार ने खिड़की के पास जाकर बड़े जज़्बाती अंदाज में कहना शुरू किया, "लो यार शोख़-शंग ! छेड़ चंग का-सा रंग ! जाम का जमा दे रंग ! फिर कहाँ ये दोस्त होंगे और कहाँ ये बज़्मे-चंग ! चली नाव मँझदार में।" फिर सबकी नज़रें बचाकर छँगुलिया की नोक आँख के गोशे तक ले गई और आँसू पोंछा।

मास्टर अख़्तर आफ़ंदी बरामदे में जाकर सीढ़ियों पर बैठ गए। बीड़ी सुलगाई और सामने अमरूद के दरख़्तों पर उड़ते तोतों की बहार देखने लगे।

दोपहर के खाने का वक़्त आ गया। बड़ी बिटिया मीर हुक़्क़ा के ज़रिये गुलनार को कहलवा चुकी थीं कि सबके लिए ख़ासा[1] कोठी से भेजा जाएगा। हेड ख़िदमतगार की क़यादत[2] में मुलाज़िम खाने की किश्तियाँ उठाए आ पहुँचे। तबला बायाँ, फ़र्शी हारमोनियम और फर्नीचर एक तरफ़ को खिसकाकर दस्तरख़्वान बिछाया गया। कोठी के बावर्चीख़ाने में रंगीन पीढ़ी पर बैठी, ग़रारे के पायँचे पिंडलियों तक चढ़ाए, बड़ी बिटिया देगचों में से खाना निकलवा रही थीं और सफ़ेद दुपट्टे से आँसू खुश्क करती जाती थीं–अल्लाह रखे, यह पहला मौक़ा था कि जवान बेटे ने असल ख़ैर से तोतेवाले बँगले में महफ़िल-आराई की थी[3]। बाप और शौहर बेतरह याद आ रहे थे। उनके ज़माने में इसी तरह खाना उतरवा-उतरवाकर बँगला भिजवाती थीं।

खाने के बाद सबने इधर-उधर आड़े-तिरछे लेटकर क़ैलूला[4] शुरू किया। मीर हुक़्क़ा ने शज्जू से कहा, "भैया, अब कोठी चलिए।"

भैया ने मुल्तजियाना[5] निगाहों से उनको देखा। मीर हुक़्क़ा ख़ामोश हो गए। दीवार से टेक लगाकर उन्होंने भी आँखें मूँद लीं।

---

1. भोजन; 2. नेतृत्व; 3. महफ़िल सजाई थी; 4. हलकी नींद लेना; 5. प्रार्थी।

"पी और पिलाता जा साक़ी, हो ख़ैर तेरे मैख़ाने की।" कोई पौन घंटे बाद मीर हुक़्क़ा को मास्टर के फ़लक-शिगाफ़[1] नारे ने नींद से चौंका दिया। वह हड़बड़ाकर सीधे हो बैठे। धागे की ऐनक नाक पर दोबारा जमाई और सामने ग़ौर से देखा। सुर्ख़ फ़्राक में मलबूस, एक सुनहरे बालोंवाली लड़की गुलनार के साथ बेद के सोफ़े पर बैठी बियर पी रही थी। मास्टर फ़ीरोज़ फ़र्श पर बादानोशी[2] में मशगूल थे। गुलनारबाई कोने में अब तक अंटा-ग़फ़ील थी। मीर हुक़्क़ा ने घबराकर शज्जू मियाँ को पुकारा और इतमीनान की साँस ली। शज्जू, बब्बू, लल्लू, नन्हे–चारों दूसरे कमरे में 'मिर्ज़ा हिमाक़त बेग' से बातें कर रहे थे। मीर हुक़्क़ा ने मिर्ज़ा गुड़गुड़ी को इशारे से पास बुलाया और चुपके से दरियाफ़्त किया, "ये मिसिया कौन हैं ?"

"आप पहचाने नहीं ? कंपनी की नंबर टू एक्ट्रेस ढेलाबाई।"

"चे ख़ूब। नीली आँखें। पीले बाल। नाम है ढेला। ढीली चाल। आया नया बवाल।" मीर हुक़्क़ा ने फ़ौरन तुकबंदी की, "ये कब आई ?"

"अभी जब आप सुन्ना रहे थे," मिर्ज़ा गुड़गुड़ी ने जवाब दिया। "इसकी माँ कलकत्ते की तवायफ़ है। बाप कोई गोरा सोल्ज़र था। सुना है, मास्टर फ़ीरोज़ इस पर ज़ह्र खाते हैं, मगर गुलनार की तरह इनका दिमाग़ भी सातवें आसमान पर है।"

गुलनार और ढेलाबाई पाँव हिला-हिलाकर सहेलियों का गीत अलाप रही थीं : "झूलनेवाली है रश्के-गुल लाला का झूला। जाके बुलबुल, तू रगे-गुल का बना ला झूला !"

फ़ीरोज़ ने गाकर जवाब दिया, "ऐ प्यारी, फ़स्ले-बहारी, नहरें हैं जारी, फूल है क्यारी। इधर-उधर यूँ चलत सुनाना, आहा हा।"

ढेलाबाई नाक-भौं चढ़ाकर दूसरी तरफ़ देखने लगी। मोतियों के बटुए से कैंची सिगरेट की डिबिया निकालकर एक खुद लिया, दूसरा गुलनार को दिया। चंद कश लिए और उठ खड़ी हुई। उसका ताँगा बाहर मौजूद था। किसी को सलाम न दुआ; रवाना।

"बहुत ख़ूब, नाम चाहे ढेलाबाई हो, मगर गोरी चमड़ी का रौब ये भी

---

1. आकाशभेदी; 2. मद्यपान।

जमाती है !" मीर हुक्का ने मिर्ज़ासाहब से कहा।

खाने के बाद मास्टर आफ़ंदी फिर बाहर जा बैठे थे और मुस्तक़िल-मिज़ाजी[1] से तोतों की बहार देख रहे थे। दिल-शिकस्ता[2] मास्टर फ़ीरोज़ ने पेटी-मास्टर के पास जाकर ज़ोर से कहा, "साली !" और चुप हो गए।

लल्लू ने बड़ी लिजाजत से दरख़्वास्त की, "कुछ सुनाइए।" वाक़िया यह था : फ़ीरोज़साहब माहिरे-फ़न गुलूकार[3] थे। चौंककर बोले, "क्या सुनाइए ? हम साला। हमारा लक डाउन हो गया। स्टार गर्दिश में है।" उन्होंने उँगली उठाकर गर्दिश की तशरीह[4] की। बोतल उठाई और झूमकर बोले, "हम क्या सुनाएगा साला ! नर्गिस के इशारे होते हैं। फूलों का रंग बदलता है। गुंचे की सुराही ढलती है। लाला का पियाला चलता है। सब रिंद[5] हैं मस्त अलमस्त बने। मै दस्त-ब-दस्त उड़ाते हैं। सब रंग-तरंग उमंग में हो, हर ढंग के रंग जमाते हैं। हाँ काग उड़े, बेलाग उड़े, कुछ राग उड़े। क्या गाना हो ··· ? कुछ धुरपत सुरपत टपाटपी या तूम तना, दर ताना हो !"

"कुछ धुरपत सुरपत टपाटपी या तूम तना दर ताना हो !" गुलज़ारबाई ने नींद से चौंककर दुहराया और फिर सो गईं। चंद मिनट बाद उठीं। आँखें मलकर हाज़िरीने-महफ़िल को ग़ौर से देखा। याद आया, कहाँ हैं। बोलीं, "जैसे खुशबू से बेला, लोगों से मेला, मुजरिम से घात, चाँद से रात की बहार है।"

"वाह-वाह ! सुब्हान-अल्ला !" मिर्ज़ा गुड़गुड़ी ने फ़ौरन तारीफ़ की।

अब गुलनार तरंग में आ चुकी थी और गुनगुना रही थी : "लबे-जू हो, फ़र्शे-आब हो, शबे-माह हो, बादा-नाब[6] हो ··· !" गुलज़ारबाई को शायद अपनी सगड़नानियों के मैदाने-जंग का ख़याल आया। कान पर हाथ रखकर चिल्लाईं, "गोभी का तो क़िला बनाया, गाजर का दरवाज़ा। शकरक़ंद की टोप बनाई, लड़े फ़िरंगी राजा। अरे तरकारी ले लो, मालन आई बीकानेर से।"

फ़ीरोज़ ने उनके रंग में भंग डाल दिया। दहाड़कर लड़कों से पूछा, "बाबा लोग, बोलो क्या सुनेगा ! वही सुनाएगा।"

"हमें कॉमिक गाने बहुत अच्छे लगते हैं," शज्जू ने फ़रमाइश की।

"हरिश्चंद्र का गायन चलेगा ?"

---

1. धैर्यचित्त; 2. भग्न-हृदय; 3. पहुँचे हुए गायक; 4. व्याख्या; 5. मद्यप; 6. पक्की शराब।

"जी ?"

"जी हाँ, जी हाँ ! ज़रूर चलेगा !" बब्बू फ़ौरन बोले।

फ़ीरोज़ ने शुरू किया : "मन मैल मिटे। तेज बढ़े।" साज़िंदों ने फ़ौरन एक अंग्रेज़ी धुन छेड़ी। मिस्टर बहराम फीरोज़ जोशो-ख़रोश से गाते रहे : "मन मैल मिटे। तेज बढ़े। दे रंग भंग का घोटा। सौ रोग टले, सौ सोग जले, उठ भोर नहाके गंग, चढ़ाके भंग, जमा ले एक, निराले ढंग दिखा दे। हर बार बोल, बम भोला ···।" "बम भोला" चिल्लाते हुए फ़ीरोज़ उचककर मेज़ पर चढ़ गए और टैप-डांस करने लगे। फिर वहीं से फ़रमाया, "अब मुरीदे-शक नाटक का दादरा सुनाता हूँ। तवा-कटोरा बेच डाल। धर लोटे पर ध्यान। सवेरे फिर छनेगी।"

"वंस मोर !" लल्लू ललकारे।

"सवेरे फिर छनेगी।"

अब मास्टर फ़ीरोज़ ने 'मिर्ज़ा हिमाक़त' का मक़बूल गाना शुरू किया, "मेरी जानी शराब। अरग़वानी[1] शराब। आ जा तुझे डालूँ पेट में। जी मेरा आया तेरी लपेट में। कोफ़्ते-पसंदे मँगाकर प्लेट में। तुझको पियूँ स्लेट में। यारो, ख़ता माफ़ करो, मैं नशे में हूँ। यूँ कहते हैं मिर्ज़ा हिमाक़त बेग। चुको न यारो इंसलेट में।" फिर जफ़ा-केश[2] ढेलाबाई याद आ गई। बोले, "तेरे हिज्र में यार मर गए ससुरे साले। आख़िर ये क्या है गड़बड़ घोटाला? तू औरत है या आशिक़ों की सत्यानासी का मसाला।" और लड़खड़ाकर मेज़ से नीचे आ रहे। मीर हुक़्क़ा फ़ौरन उठ खड़े हुए। चीं-ब-जबीं होकर[3] गुलनार से कहा, "इन्हें यहाँ से फ़ौरन चलता कीजिए।"

मुन्नू दौड़े-दौड़े बाहर गए। सड़क पर से ख़ाली ताँगा पकड़ लाए। बेचारे मास्टर बहराम फ़ीरोज़ को पिछली सीट पर लादकर उनके होटल ले गए। मीर हुक़्क़ा ने शज्जू से कहा, "अब आप भी घर चलिए !"

"मीरसाहब, हम एक नाटक लिख रहे हैं। उसकी कास्ट गुलनारबाई को सुना दें। बस पाँच मिनट।" शज्जू ने इल्तजा की।

"अच्छा सुना दीजिए।"

---

1. लाल रंग की; 2. अत्याचारी; 3. माथे पर बल डालकर।

शज्जू ने कापी-बुक उठाई और गुलनार से कहा, "हम एक नाटक ··· "

"हाँ-हाँ, सुनाओ मियाँ !" गुलनार हिम्मत-अफ़जाई के लहजे में बोली।

शज्जू ने ज़रा शरमाकर पढ़ना शुरू किया, "जनाना पार्ट : वीरानजहाँ बेगम, हवन्नक़ बानो, बरबादी ख़ानम, बेहूदा ख़ातून।"

"बेहिज़ाबबाई महलक़ा और शामिल कर लीजिए !" मीर हुक़्क़ा ने तुर्शी से कहा।

शज्जू के ऊपर से गुज़र गई। सुनाने में महव रहे, "अहमक़नवाज़-जंग, ग़बिउद्दौला, ख़ौफ़नाकसिंघ।"

"लाला बेहिसाबराय और भुरकुसनिकालसिंघ का भी इज़ाफ़ा कर लीजिए," मीर हुक़्क़ा बोले। सामईन[1] ने शज्जू को ज़ोर-ज़ोर से दाद दी। गुलज़ारबाई ने बलाएँ लीं।

बब्बू दरवाज़े के पास फ़र्श पर टाँगें पसारे बैठे थे। मअन[2] उनकी निगाह बाहर पड़ी और रंग सफ़ेद पड़ गया। झुककर शज्जू से कहा, "अबे, हम सबका भुरकुस अभी निकला जाता है। आपके मामा तशरीफ़ ले आए। छब्बीस तारीख़ को आनेवाले थे। पाँच दिन पहले ही चले आ रहे हैं।"

बाहर सुर्ख़ बजरी पर बूटों की चाप। चिक़ उठी। सैयद रिफ़ाक़त हुसैन बैरिस्टर ऐट लॉ दरवाज़े में मौजूद। मय गुलनारो-गुलज़ार सारी कंपनी सरो-क़द[3] खड़ी हुई। सबने झुक-झुककर आदाब अर्ज़ किया। बैरिस्टरसाहब ने सर ख़म करके सबको सलाम का जवाब दिया। भांजे को देखा जो नज़रें बचाए मीर हुक़्क़ा की पनाह और आड़ में हो गए थे। बैरिस्टरसाहब ने गुलनार पर नज़र डाली। दोबारा महफ़िल का जायज़ा लिया। एक कुर्सी पर टिक गए। गुलनार से कहा, "तशरीफ़ रखिए। आपकी कंपनी आजकल शहर में बड़े अच्छे खेल दिखा रही है। हमने आपकी बहुत तारीफ़ सुनी है।"

गुलनार ने तसलीम अर्ज़ की। उसका दिल धक से रह गया। और वह इस तरहदार नौवारद[4] को देखती की देखती रह गई। अपनी तसवीर से ज्यादा सूरतदार और मुदम्मग़[5] मुजस्सिम[6] तकब्बुरो-नख़वत[7] । ख़ैर ठीक है,

---

1. श्रोतागण; 2. अचानक; 3. सरो के पौधे की तरह सीधी; 4. नवागंतुक; 5. नकचढ़ा; 6. साकार; 7. अभिमान।

जितना भी गुरूर न करे, कम है ! अल्लाह ने उन्हें क्या नहीं दिया ? शराफ़त, दौलत, इज़्ज़त, वजाहत[1]। और हम कौन हैं ? खुदाई ख़्वार,[2] उठाईगीरे, कंजर। उसने खुद ही खुद सर हिलाया और अपनी और उनकी दुनियाओं के तफ़ावुत[3] पर मुतहय्यर[4] टकटकी बाँधे उनकी शक्ल तकती रही। बैरिस्टरसाहब ने ज़रा बेआरामी से पहलू बदला। गुलनार से पूछा, "आप लोगों को यहाँ किसी क़िस्म की तकलीफ़ तो नहीं।"

"जी नहीं, आपकी इनायत है।"

गुलज़ारबाई बाँछें खिलाए हमा-तन तवज्जह[5] बैठी थीं। लेकिन बैरिस्टरसाहब गुलनार के बजाय लड़कों की तरफ़ मुतवज्जह हो चुके थे। लल्लूजी के हाथ में कापियाँ देखकर पूछा, "यह क्या है ?" और दोनों कापियाँ उनसे ले ली थीं।

लल्लूजी की कापी के ऊपर अंग्रेज़ी में मरकूम[6] था : लाला घनश्यामदास रस्तोगी। जमाअत दहम,[7] अमीरुद्दौला हाईस्कूल, लखनऊ, यू.पी., इंडिया। ब्रिटिश एंपायर-वर्ल्ड। नार्दर्न हमसफ़ीर ''' अंदर उर्दू में लिखा था :

1. पारसी थियेट्रिकल कंपनी। तमाशा हामान।
   अजी साहब नतीजा मिल जाएगा
   मा गा रे गा नी धा पा मा गा
2. तमाशा जौहरे-शमशीर उर्फ़ क़त्ले-बेनज़ीर।
   हुआ हासिल विसाल वले जी हाँ निढाल नया दिल को मलाल, करूँ क्या मैं बयाँ, वह है नाज़ुक दिमाग़, कहीं देवे न दाग़, होवे ठंडा चिराग़, मेरे दिल का, यहाँ कभी होकर बेज़ारियाँ सो होवे फ़रार। मेरी मिट्टी हो ख़्वार। उसे पाऊँ कहाँ।
3. कर्ज़न थियेट्रिकल कंपनी ऑफ़ बंबई। तमाशा दिलफ़रोश।
   तुम्हें दूँगा बाकी खबरिया जान
   गा रे गा मा पा धा पा मा
4. एलेग्ज़ेंडर थियेट्रिकल कं. ऑफ़ देहली। तमाशा 'चूँ-चूँ का

---

1. रौशन चेहरा; 2. बदनाम; 3. अंतर; 4. आश्चर्यचकित; 5. पूरी तरह ध्यान देना; 6. लिखा हुआ; 7. कक्षा दस।

मुरब्बा'।
(बतर्ज़ : मैं बावर्ची की बेटी)
मैं तो फिर नख़रे आई करती छल और ठट्ठा
सा ×2 रे गा रे सा गा मा ×02 रे ×2

5. तमाशा लैला उर्फ़ सितारा मंगरेलिया।
मै होवे, कुंजे-बाग़ हो, साक़ी हो माहवश
कोई मुख़िल न हो वहाँ बाइस हिजाब का

6. ग़ज़ल दाग़ – 44
बुताने-माहवश उजड़ी हुई मंज़िल में रहते हैं।

7. तमाशा फ़सान-ए-अजायब उर्फ़ ख़ुरशीद ज़रनिगार (तर्ज़ अंग्रेज़ी)।
धुएँ की गाड़ी उड़ाय लिए जाए। पैसे का लोभी फ़िरंगिया रे बाबू, ज़ात नहीं देखे, जमात नहीं देखे। एकदम ही सबको बिठाय लिए जाए। हिंदू-मुसलमान, भंगी-चमार से टिकट के पैसे कटाय लिए जाए।

8. ज़बान अंग्रेज़ी। धुन देस। ताल कहरवा। दोगुन।
अगेन-अगेन-अगेन। व्हेन आई बाज़ सिंगल। माई पाकेट बाज़ डिंगल।

9. इमरोज़ दीगरम ब-फ़िराक़े-तू शामे-शुद।
(धुन बिहाग)

बैरिस्टरसाहब का सर घूम गया। उन्होंने कापी-बुक बंद की। भांजे की किताब खोली। सैयद-शुजाअत हुसैन, जमाअत हफ़्तुम[1]। काल्विन ताल्लुक़ेदार्स स्कूल, लखनऊ, यू.पी.। इंडिया। ब्रिटिश एंपायर। ज़नाना पार्ट : वीरानजहाँ बेगम। हवन्नक़ बानो। बरबादी ख़ानम। बेहूदा ख़ातून ... आँखों पर उँगलियाँ फेरकर बाहर देखा और खड़े हो गए। हाज़िरीने-जलसा फ़ौरन उठे। बैरिस्टरसाहब ने गुलनार से मुख़ातिब होकर कहा, "माफ़ कीजिएगा। सफ़र

1. कक्षा सात।

की थकान है, वर्ना थोड़ी देर और बैठते।" भांजे से बोले, "ज़रा मेरे साथ तशरीफ़ लाइए।" और चिक उठाकर बाहर।

अब शाम के पाँच बज रहे थे। कोठी की बरसाती में एक फ़िटन आकर रुकी। बढ़िया सूट पहने, मोनोकिल लगाए, चुरुट पीते, नुकीली मूँछों वाले एक नेटिव जेंटिलमैन ने बाहर झाँककर बरामदे में मुंतज़िर[1] और सरासीमा[2] जमना महरी को आवाज़ दी, "मियाँ को इत्तला कर दो ... लाटसाहब आए हैं।"

"मियाँ आपका अंदरै बुलावत हैं," महरी ने जवाब दिया।

कोठी के पिछले गोल चबूतरे पर 'अदालत' लगी थी। बैरिस्टरसाहब मुतरद्दिद[3] अंदाज़ में सिगार पीते आरामकुर्सी पर दराज़ थे। लाला दुर्गादास रस्तोगी, शेख़ रशीद अहमद, सब-एडीटर *अवधपंच*, मीर हुक्क़ा और मिर्ज़ा गुड़गुड़ी नीम-दायरे में कुर्सी-नुमा मोंढ़ों पर बैठे थे। चारों मुजरिमीन[4] – शज्जो, नन्हे, बब्लू और लल्लू सामने खड़े थे।

मोनोकिल वाले मेहमान को आता देखकर बैरिस्टरसाहब ने हाथ फैला कर, "आओ भाई, लाटसाहब ! आओ बैठो," कहा और एक गहरा साँस लिया।

लाटसाहब यानी कुंजबिहारीलाल माथुर, बैरिस्टर ऐट लॉ, ने अपने नूरे-नज़र[5] लख़्ते-जिगर[6] बृजबिहारीलाल माथुर उर्फ़ बब्बू को शोलाबार[7] निगाहों से घूरा और खुद भी आहे-सर्द खींचकर एक मोंढ़े पर बैठ गए। बहुत अंग्रेज़ आदमी थे। इस वजह से हलक़-ए-अहबाब[8] में 'लाटसाहब' कहलाते थे।

"बैठ जाइए।" साहिबे-खाना[9] ने कड़ककर लड़कों को हुक्म दिया। वो हड़बड़ाकर मोंढ़ों के चर्मी[10] किनारों पर टिक गए और सर झुका लिए।

चंद सेकंड ख़ामोशी छाई रही। फिर साहिबे-ख़ाना बोले, "अमें लाटसाहब, तुमको ख़ूब मालूम है; इसी शौक़ ने मेरे घराने को बरबाद किया। दादाजान और अब्बाजान हमेशा मक़रूज़[11] रहे। दूल्हा-भाई का इलाक़ा कोर्ट

---

1. प्रतीक्षारत; 2. सहमी हुई; 3. चिंताग्रस्त; 4. अपराधीगण; 5-6. सुपुत्र; 7. आग बरसाती; 8. मित्रमंडली; 9. गृहस्वामी; 10. चमड़े के; 11. ऋणग्रस्त।

हुआ। और ये! लालाजी, ज़रा अपने सपूत के कारनामे भी देखिए।" उन्होंने लल्लू के गानों की कापी उनके वालिद दुर्गादास रस्तोगी के हाथ में दे दी और कहते रहे, "शुजाअत हुसैन साहब को कम-अज़-कम एफ़.ए. में होना चाहिए था। दो साल से सातवीं क्लास में फ़ेल हो रहे हैं। और सुनिए, किन उलूम में बर्क़[1] हैं? वीरानजहाँ बेगम। बरबादी ख़ानम। बेहूदा ख़ातून।" ग़मो-गुस्से से सुर्ख़ होकर दूसरी कापी-बुक उन्होंने चबूतरे से दूर घास पर फेंकी और नन्हे के वालिद शेख रशीद अहमद, सब-एडीटर, *अवधपंच*, को मुख़ातिब किया, "शेख़साहब, क़ौम की नयी पौध थियेटर के शौक़ में ग़ारत हुई जा रही है। आप इसके ख़िलाफ़ क़लम क्यों नहीं उठाते?"

उस वक़्त तक लाटसाहब का दिमाग़ पूरी तरह भन्ना चुका था। उन्होंने सैयद रिफ़ाक़त हुसैन की बात काटकर अपने फ़र्ज़ंद-दिलबंद[2] को मुख़ातिब किया: "क्यों बे! घर चलकर ऐसी मरम्मत करूँगा बच्चू कि ··· अमें जनाबे-आली इसका नाम लीजिए, हम तो ये कोशिश करते-करते घिसे जा रहे हैं कि औलाद साली जो है, वह अंग्रेज़ी तहज़ीब सीखे। आदमी बने। मुतमद्दिन[3] कहलाए, और यहाँ वही ताक धिनाधिन ताक धिनाधिन।" तैश में आकर उन्होंने अपनी छड़ी को ज़ोर से चबूतरे पर पटख़ा।

"क्यों मिर्ज़ासाहब, थियेटर का और कौन-कौन डोम-धाड़ी यहाँ आता था?" बैरिस्टर रिफ़ाक़त हुसैन ने सवाल किया।

मिर्ज़ा गुड़गुड़ी दस्त-बस्ता[4] गुड़गुड़ाए, "साहब, मैं तो इस क़ौम से ज्यादा वाक़िफ़ नहीं। सुझाई भी नहीं देता है। रतौंदी आती है। मीरसाहब से दरियाफ़्त फरमाइए।"

मीर हुक़्क़ा ने अर्ज़ की, "मियाँ, एक तो वही दोनों हैं; जी हाँ, और उनके ख़ाँसाहब पेटी-मास्टर। और ··· "

"पेटी-मास्टर क्या होता है?"

"हुज़ूर, वह जवन हरमोनिया बजावत है।" आरामकुर्सी के पीछे खड़े मुँह-चढ़े बाँके कोचवान ने तफ़सीर[5] बयान की।

मीर हुक़्क़ा बोले, "मगर हलफ़िया, जनाब अमीर की कसम। बड़ी

---

1. तेज़; 2. प्रिय पुत्र; 3. सभ्य; 4. हाथ जोड़े; 5. विस्तार की बातें।

बिटिया की इजाज़त से।"

"जी हाँ, मालूम है। बाजी बेगम अपने लाड़-प्यार में साहबज़ादे को दो कौड़ी का करके छोड़ेंगी। उनकी आँखें अब तक नहीं खुलीं। मैं कहाँ तक इस डूबती नाव को बचा सकता हूँ। लालाजी, कल सवेरे दस बजे तब बँगला खाली करवाइए।"

"बेहतर है।"

"और अज़ीज़ी शज्जू मियाँ। आप भी अपना असबाब बाँधना शुरू कीजिए। मैं कल ही आपका नाम काल्विन से कटाता हूँ और आपको अलीगढ़ रवाना करता हूँ।"

अदालत बरख़ास्त हुई। चबूतरे पर शेख़ रशीद अहमद और लाटसाहब बैठे रह गए। लाला दुर्गादास रस्तोगी, मिर्ज़ा गुड़गुड़ी और मीर हुक्क़ा कुछ फ़ासले पर जाकर नीम तले मिस्कौट में मसरूफ़ हुए। चंद मिनट बाद मिर्ज़ासाहब चबूतरे पर वापस आए और कहा, "मियाँ, गुस्ताख़ी माफ़ हो तो कुछ अर्ज़ करूँ !"

"फ़रमाइए !"

"मियाँ, बात यह है कि मिस गुलनार जो हैं ये कोई ग़श्ती,[1] कसबी,[2] ख़ानगी[3] वग़ैरह नहीं हैं। बल्कि न्यू अल्फ़्रेड कंपनी की मशहूर ... "

"मिर्ज़ासाहब, आप तो कहते थे इस कौम से वाक़िफ़ नहीं।"

"जी हाँ, मगर मैंने इनके बारे में ऐसा ही सुना है। और मियाँ, यहाँ ये अज़-खुद[4] तो आईं नहीं। बुलाया तो आईं। और पेशगी किराया अदा किया। डबल। और बँगला किराये पर अकसर उठता है।"

"दुरुस्त ! तो फिर ?"

"तो मियाँ, उनसे किन अलफ़ाज़ में – यानी किस तरह कहा जावे कि सुबह दस बजे तक मकान ख़ाली कर दो।"

"कह दीजिए, अभी दिल्ली से तार आया है। चंद अहम मुवक्किल सुबह की गाड़ी से पहुँच रहे हैं। गेस्ट हाउस उनके लिए चाहिए। और हमारी तरफ़ से माज़रत[5] कर दीजिए।" ज़िच होकर मिस्टर माथुर से कहा, "लाटसाहब !

1-2-3. वेश्याओं के प्रकार; 4. अपने-आप; 5. क्षमा-प्रार्थना।

लिल्लाह आप ही बताइए! मिस गुलनारबाई के क़यामो-तआम[1] का मैं किस तरह ज़िम्मेदार हूँ ?"

गुलनार मार्निंग ग्लोरी की आड़ में छिपी अदालत की पूरी कार्रवाई देख और सुन रही थी। बैरिस्टरसाहब के चेहरे पर नज़रें जमा रखी थीं और गुस्से से थरथर काँप रही थी। ऐसी तौहीन! ऐसी नाक़ाबिले-यक़ीन बेइज़्ज़ती! हुक़्क़ा गुड़गुड़ी को सर झुकाए बँगले की सिम्त आता देखकर सरपट भागी और अपने कमरे में वापस आ गई। "अगर मेरा बस चले ... अगर मेरा बस चले तो इसी वक़्त पर लगाकर उड़ूँ और यहाँ से दफ़ान हूँ ... काला मुँह करूँ।"

5. बुलबुले-बीमार

गुड़गुड़ी और हुक़्क़ा के सामने गुलज़ारबाई हाथ चला-चलाकर चिल्लाईं, "हम ... हम बड़े-बड़े वालियाने-रियासत के[2] शाही मेहमानख़ानों में ठहराए जाते हैं। बड़े-बड़े राजों-नवाबों ने हम पर अपने ख़ज़ाने लुटा दिए। ज़रा जाकर अपने खुर्द-दिमाग़[3] बालिस्टर से पूछो। मियाँ, तुम्हारी औक़ात ही क्या ? दो टके के वकील! ज़रा-जुहूर[4] ज़मीनदारी। अरे, अभी कल-कलाँ को मेरे इटावेवाली जायदादे-अमलाक[5] का कोई मुक़द्दमा खड़ा होवे, मैं उनकी फ़ीस अदा करूँ तो दौड़े आएँ। और अब हमसे हेक़ड़ी की लेते हैं। जैसे उनकी फ़ीस उनके काम की, हमारी फ़ीस हमारे काम की। हममें-उनमें फ़र्क़ क्या है ?"

"खुदा के लिए आपा चुप रहो!" गुलनार ने शर्म से पानी-पानी होकर इल्तजा की।

इससे क़ब्ल[6] कि गुलज़ारबाई, जो नशे में आउट थीं, ज्यादा फ़ुहश-कलामी[7] पर उतरें, हुक़्क़ा-गुड़गुड़ी वहाँ से खिसक लिए। नदामत[8] और गुस्से की वजह से गुलनार की हालत ग़ैर थी और वह पसीना-पसीना हुई जा रही थी। उसने मुन्नू को फ़ौरन पिस्टनजी के पास कोर्ट होटल दौड़ाया कि रात के शो में ढेलाबाई से,

1. रहनसहन और खानपान; 2. रिसायतदारों के; 3. कमअक़्ल; 4. पिद्दी जैसी; 5. संपत्ति; 6. पहले; 7. गाली-गलौच; 8. शर्मिंदगी।

जो उसकी स्टैंड-इन थी, काम करवा लें और ख़ुद जाकर पलंग पर पड़ गई।

शाम हुई। चिराग़ जले बड़ी बिटिया ने हज़ार माज़रत[1] के साथ खाना भिजवाया, जो गुलनार ने वापस कर दिया। बाथरूम में जाकर हाथ-मुँह धोया। अम्माँ दिन-भर की थकी-माँदी और नशे में ग़ैन, ड्राइंगरूम के ग़ालीचे पर लुढ़क रहीं। गुलनार सिगरेट जलाकर दरीचे में जा बैठी। रफ़्ता-रफ़्ता रात की ख़ामोशी छाई। कोठी में पहले ही सबको साँप सूँघ गया था।

रौशनियाँ गुल हुईं। रात की रानी ने बाग़ मुअत्तर[2] किया। मार्निंग ग्लोरी की बेल जहाँ ख़त्म हुई थी, वहाँ से बैरिस्टरसाहब का बेडरूम दिखलाई दे रहा था। उसकी रौशनी ग्यारह बजे तक जला की।

अचानक गुलनार का जी चाहा कि दहाड़ें मार-मारकर रोए। शुग़्ले-मै[3] कभी-कभार करती थी; अँधेरे में टटोलकर वालिदा की व्हिस्की-सोडा तलाश किया। गिलास बनाया। फिर खिड़की में आ बैठी। एक घूँट भरा। आँसू टप-टप गिरने लगे। ज़िल्लत की ज़िंदगी। ज़िल्लत की मौत। हवा का झोंका रात की रानी की महक साथ लाया। मै होवे, कुंजे-बाग़ हो, साक़ी हो माहवश[4]। कोई मुख़िल[5] न हो वहाँ बाइस हिजाब का[6]। "बेहिजाबबाई महलक़ा !" उस जल-कुकड़े[7] मीर हुक़्क़ा ने फुक़रा कसा। इस दो टके के मुंशी की यह हिम्मत ! ज़िल्लत की ज़िंदगी। ज़िल्लत की मौत। तेरे कूचे से। तेरे कूचे से। इतना ग़ुरूर। अल्लाह मुझे जहाँ पैदा किया वहाँ पैदा हो गई। इसमें मेरा क्या कुसुर ! रोते-रोते हिचकी बँध गई। अम्माँ बेख़बर सो रही थी। उठकर फिर मुँह धोया। आँखों पर छपके मारे। बेडरूम की बत्ती जलाकर आईने में सूरत देखी। जूड़े के गिर्द लिपटी सफ़ेद नक़ली मोतियों की माला उतारी। कलकत्ते में एक बार बहुत पढ़े-लिखे आशिक़ ने कहा था, "मैडम, तुम तो बिलकुल रवि वर्मा की पेंटिंग के मुआफ़िक़ मालूम देता है।" बत्ती बुझाकर पलंग पर औंधी पड़ गई। मच्छरों ने सताया तो फिर उठी। बरामदे में निकल आई। सामने एक खुदी हुई क्यारी दरख़्तों के अँधेरे में क़ब्र का गढ़ा-सा मालूम हो रही थी। जब बुढ़िया हो जाऊँगी तो कफ़न का चोंगा। किसी वाहियात आदमी, किसी बूढ़े, बदक़वारा, मीर शिकार का सहारा। शायद वह भी न मिले।

---

1. क्षमा-प्रार्थना; 2. सुगंधित; 3. मद्यपान; 4. चंद्रमुखी; 5. दख़ल देनेवाला; 6. पर्दे का कारण; 7. मुर्ग़ाबी।

आपा की हालत ! इस बेतुके बू-बक मिर्ज़ा गुड़गुड़ी ही को ग़नीमत समझ रही थीं बेचारी आपा। और जब मैं मरूँगी ··· मरूँगी। वह सीढ़ियों पर बैठकर याद करने लगी। जब मूँगा ख़ाला मरी थीं, इटावे में, उनके जनाज़े के साथ क़ब्रिस्तान के रास्ते में टोकरों रोटियाँ बाँटते गए थे। बुआ ने बताया था। हमारी बिरादरी का दस्तूर है। मरनेवाली की बख़्शिश के लिए, गुनाहों की माफ़ी के लिए रोटियाँ बाँटते हैं। झुरझुरी-सी आई। बहुत डर लगा। क्यारी के गढ़े से नज़र बचाकर कमरे में वापस आ गई। ग़ालीचे पर उकड़ूँ बैठकर माँ को झिंझोड़ा।

गुलज़ारबाई आँखें बंद किए-किए हुँकारीं, "अरी नाबकार, मुर्दार, सोने दे। औंधी-क़िस्मत। आग लगे।"

"आपा, आपा; जब मूँगा ख़ाला मरी थीं, उनके जनाज़े के साथ रोटियाँ क्यों बाँटी गई थीं ? जब मैं मरूँगी, मेरे जनाज़े के साथ कितने मन रोटियाँ ··· " वालिदा बौखलाकर उठ बैठीं। झबड़े खिचड़ी बाल समेट अँधेरे में चुड़ैल मालूम हो रही थीं। जनाज़ा ? किसका ? आग लगे। कलजिभ्भी। हरामज़ादी। मुर्दार। करमों-जली। अरे टेढ़मुँही ! पन्ना तो बन जाए नवाब अल्मासमहल, और तू कमबख़्त ! तेरे ये नसीब की एक टुटपुँजिये वकील ने कंपनी के सामने तेरी बेइज़्ज़ती कर दी। अपने नौकरों से जूते लगवाए कुतिया के सर पर।"

"अच्छा-अच्छा, सो जाओ।" गुलनार ने कहा। वह फिर फ़िल्फ़ूर[1] फ़र्श पर ढेर हो गईं और करवट बदल ख़र्राटे लेने लगीं।

अब चाँद निकल आया था। बाग़ सो रहा था। तारीक[2] घने दरख़्तों में खड़ी सफ़ेद कोठी चाँदनी में चमकने लगी। वह ताज़ा हवा में साँस लेने की ख़ातिर बाहर आ गई और रविश पर टहलने लगी। फिर बे-इख़्तियार उसके क़दम बैरिस्टरसाहब के बेडरूम की सिम्त[3] उठे। नीची कुर्सी की कोठी थी। दबे पाँव चलती वह कमरे के खुले दरीचे[4] के नीचे पहुँच गई और साये में होकर अंदर झाँका। कमरा चाँद की रोशनी से मुनव्वर[5] था। चाँदनी बैरिस्टरसाहब के हसीनो-जमील चेहरे पर पड़ रही थी। वह दरीचे की चौखट पर कुहनियाँ टिकाकर दिलेरी से अंदर झाँकने लगी। फिर हटकर बोगनविला के साये में हो गई और सोचने लगी। क़िस्मत की सितमज़रीफ़ी[6] । पैदाइश के इत्तफ़ाक़ात[7] । मैं कौन हूँ ? वह भोली, मासूम

---

1. फ़ौरन; 2. अंधेरे; 3. तरफ़; 4. खिड़की; 5. प्रकाशमान; 6. अत्याचार; 7. संयोग।

पर्दानशीन शरीफ़ज़ादी कौन है, जो मौलवीसाहब के मदरसे में पढ़ रही है और इस गुलफ़ाम की दुल्हन बननेवाली है। और वह खुद कौन है ? हम सब कौन हैं ? क्या हैं ? यह सारा माजरा क्या है ? गोरखधंधा ··· ! मीर हुक़्क़ा माज़रत कर रहे थे। बैरिस्टरसाहब अपने तेज़ मिज़ाज और अपने हालात से मजबूर हैं। तो मैं भी अपने हालात से मजबूर हूँ। लो नाहक़ हम मजबूरों पर ···· ।

आध घंटा गुज़र गया। वह उसी तरह दीवार से टिकी खड़ी रही। फिर अंदर झाँका। "महाराजा किवड़िया खोलो।" रस की बूँदें पड़ीं। बैरिस्टरसाहब ने करवट बदली। ख़्वाब में बड़बड़ाए, "कुर्बात शोम ![1]" सोते में भी हुज़ूर का मिज़ाज सीधा नहीं होता। आवाज़ देकर जगाऊँ। फिर मुमकिन है ··· । मुमकिन है, क़िस्मत बदल जाए। जैसे पन्ना की क़िस्मत बदली। सिर्फ़ एक पल में कुछ-से-कुछ हो जाता है इनसान। इधर या उधर। जगाऊँ ? अजी साहब, कुछ अपने दिल की कहो। कुछ हमारे दिल की सुनो। ये एतबार नहीं, हम रहे ··· न रहे। इस लम्हे उसे अपनी हालत पर शिद्दत का[2] रोना आया। अचानक बजरी पर अधोड़ी के जूतों की चाप सुनाई दी। चौकीदार डंडा बजाता फाटक की सिम्त चला आ रहा था। वह हड़बड़ाकर भागी और बँगले पर आकर दम लिया। तेज़ दौड़ने से साँस फूल गया। वह बरामदे की सीढ़ियों पर बैठ गई। चौकीदार हो-हो करता दूसरी तरफ़ निकल गया। चंद मिनट बाद वह उठकर अंदर गई। वालिदा जाग गई थीं। वह भी नाक सुड़क-सुड़ककर रोती जाती थीं और कमरे की बत्ती जलाकर सामान समेटने में मसरूफ़ थीं। बाहर चाँद का उजाला फीका पड़ता जा रहा था। कोई दम में मुर्ग़ बाँग देंगे। कूच का वक़्त क़रीब था। एक बार फिर कूचागर्दी[3]। ब्रिटिश इंडियन एंपायर के छोटे शहरों में कंपनी की छोलदारियाँ। शौक़ीन रउसा[4] के मर्दानख़ाने ··· बड़े शहरों में होटल ···

1. हद दर्जा मनहूस; 2. बुरी तरह; 3. भटकना; 4. रईस (बहुवचन)।

6. गुलरू ज़रीना

सेवाय होटल, मसूरी, 1935 ई.।

विलयाती ड्रेसिंग गाउन में मलफूफ़[1] हिज़ हाइनेस बेडरूम से निकलकर लाउंज में आए और ज़ेरे-लब[2] श्लोक पढ़ते हुए दरीचे से बाहर देखने लगे जहाँ होटल के सुर्ख़ छतों के परे बर्फ़पोश[3] पहाड़ अप्रैल के आख़िरी दिन की सर्द धूप में जगमगा रहे थे। चंद मिनट बाद महाराजासाहब सोफ़े पर धप से बैठ गए और बराबर के कमरे की तरफ़ मुँह करके आवाज़ दी, "डार्लिंग! डार्लिंग!"

जवाब नदारद। उम्र-रसीदा महाराजासाहब इतने फ़र्बा[4] थे कि चलने-फिरने में दिक़्क़त होती थी। घंटी बजाई। दरवाज़ा खुला। उनका ख़ादिम नमूदार[5] हुआ।

"महाराज !"

"मेमसाहब कहाँ हैं ?"

"मिनर्वा होटल गई हैं।"

"इस वक़्त ?"

"उनकी मदर की तबीयत एकदम ख़राब हो गई। टेलीफ़ोन आया था। सरकार अशनान कर रहे थे। मुझसे कह गई थीं कि सरकार को बता दूँ।"

"हमें तैयार करो।"

"हुक्म।"

ख़िदमतगार ने सहारा देकर महाराजाधिराज को फूलदार सोफ़े से उठाया। अंदर ले जाकर नफ़ीस[6] स्काटिश कोट-पतलून ज़ेबे-तन[7] करवाई। चार-ख़ाना कैप लगाई। राजासाहब मुलाज़िम के सहारे बाहर आकर ज़ीना उतरे। कोर्टयार्ड से निकलकर रिक्शे में बैठे। मिनर्वा होटल का रुख़ किया जहाँ उनकी मंज़ूरे-नज़र,[8] पारसी स्टेज और "ख़ामोश" सिनेमा की नामवर अदाकार गुलनारबाई की ज़ईफ़ुल-उम्र[9] वालिदा बाई गुलज़ारबाईसाहिबा, तेरह-साला बेटी गुलरू, छोटा भाई और बंबई की बोलती फिल्मों का डांस-डाइरेक्टर मास्टर

1. लिपटे हुए; 2. होंठों में; 3. बर्फ़ से ढके; 4. स्थूलकाय; 5. प्रकट; 6. सुंदर; 7. सुशोभित; 8. प्रियतमा; 9. बूढ़ी।

मुन्नू, मुलाज़िमा कुंदन और गुलरू की देसी ईसाई उस्तानी मिस टामस मुक़ीम थीं। जिस वक़्त हिज़ हाइनेस होटल की निचली मंज़िल के कोनेवाले लाउंज में पहुँचे, बाई गुलज़ारबाईसाहिबा की तबीयत सँभल चुकी थी। वह उन्नाबी बनारसी शाल में लिपटी पलंग पर तकियों के सहारे बैठी ब्रेकफ़ास्ट उड़ा रही थीं। पायोंवाली ट्रे गुलाबी साटन के लिहाफ़ पर उनके सामने धरी थी। गुलनार, जो उनका बेहद ख़याल रखती थी, टोस्ट पर मक्खन और जेम लगा-लगाकर उन्हें देती जा रही थी। लेकिन दोनों बेटियाँ बहुत ग़मगीन नज़र आती थीं और मालूम होता था कि बहुत रो चुकी हैं। दरीचे के सामने मेज़ पर नीले रंग के ऊनी फ़्राक में मलबूस गुलरू अंग्रेज़ी की तीसरी किताब का एक सबक़ अटक-अटककर पढ़ने में मसरूफ़ थी। अधेड उम्र की काली मेम नीचा-सा सफ़ेद फ़्राक और सुर्ख़ कार्डिगन पहने उसके सामने बैठी थी।

हिज़ हाइनेस कमरे में दाख़िल हुए। धम से सोफ़े पर बैठ गए। घबराकर गुलनार से दरियाफ़्त किया, "क्या हुआ ? ख़ैरियत ?"

गुलनार नैपकिन से उँगलियाँ पोंछकर एक कुर्सी पर टिकी ख़ामोश रही और गहरी सोच में डूबी, सिर ऊपर-नीचे हिलाया। महाराजासाहब ने परीशान आवाज़ में कहा, "डार्लिंग !" वह गुलनार पर जान देते थे।

"आग़ासाहब जन्नत को सिधारे।" गुलनारबाई ने मुँह चलाते-चलाते भर्राई हुई आवाज़ में कहा। "मैं तो सुबह सोकर उठी ही थी कि मिस साहिबा ने अख़बार पढ़ते-पढ़ते ख़बर सुनाई। लाहौर में इंतक़ाल हुआ।"

"नानी को ग़श आ गया।" गुलरू ने अपनी किताब बंद करके हाशिया-आराई की।[1] "मैंने घबराकर मम्मी को फ़ोन किया।"

"आग़ासाहब गुज़र गए। ओ माई गॉड !" महाराजा ने दिली अफ़सोस के लहजे में आहिस्ता से कहा। "वह बड़ा ज़ीनियस आदमी था।" उन्होंने उस्तानी को मुख़ातिब करके इज़हारे-ख़याल किया।[2]

"यस योर हाइनेस !" काली मेम ने मुँह टेढ़ा करके जवाब दिया। "हमने सुना है कि इंडियन लोग उनको इंडियन शेक्सपियर बोलता था।"

गुलज़ार और गुलनार ने अपने-अपने कानों की लवें छुईं और आँसू

---

1. जोड़ा; 2. विचार व्यक्त किया।

खुश्क किए।

"आग़ासाहब की मौत," महाराजासाहब ने अपने-आपसे अंग्रेज़ी में कहा, "इंडियन थियेटर के ताबूत में आख़िरी कील है, डार्लिंग।" अब वह उर्दू में गुलनार से मुख़ातिब हुए, "इतना गम न करो। तुम्हारी सेहत पर बुरा असर पड़ेगा।"

गुलनार उसी तरह चुपचाप बैठी रही। दबीज़[1] रेशम की फ़ीरोज़ी सारी में मलबूस। शानों पर चीते की खाल का कोट डाले बेहद दिलकश लग रही थी। महाराजासाहब के मौरूसी[2] ख़ज़ाने का एक इंतहाई बेशक़ीमत और नायाब हीरा उसकी अँगूठी में जगमगा रहा था।

"मम्मी ने आग़ासाहब के इतने ड्रामों में काम किया ··· " गुलरू ने मिस टामस को बताना शुरू किया। "असीरे-हिर्स, सैदे-हवस ··· "

"नहीं। सबसे पहले 'ख़ूबसूरत बला' ··· " गुलज़ारबाई ने तसहीह की।[3] "उस वक़्त तो मेरी गुल्लो सिर्फ़ बारह साल की थी।"

मिस टामस मुँह फेरकर ज़ेरे-लब मुस्कुराई।

गुलज़ारबाई कहती रहीं, "ख़ूबसूरत बला, फिर यहूदी की लड़की ··· "

"यहूदी की लड़की का बोलता फ़िल्म भी बन गया," गुलरू ने चहककर कहा।

"ऐ हाँ ! आग लगे बोलती फिल्मों को ! क्या हमारे नाटकों का मुक़ाबला करेंगे ! फिर तुम समझो, असीरे-हिर्स, सैदे-हवस, सिल्वर किंग, बनदेवी ··· वो ज़माने ख़त्म हुए।"

वो ज़माने ख़त्म हुए। स्टेज के पुराने साथी छूट गए। मास्टर फ़ीरोज़ ने शराब पी-पीकर जान दे दी। अख़्तर आफ़ंदी की आवाज़ बैठ गई। रेसकोर्स पर सारा जमा-जथा हार गए। फ़कीरी ले ली। अजमेर शरीफ़ की दरगाह पर जा पड़े। ढेलाबाई ख़ामोश बाइस्कोप की मक़बूल[4] एक्ट्रेस बन गई थी; फिल्मी नाम मिस डॉली। टाकी के नये दौर में गुलनार की तरह वह भी नाकाम रही। गुलनार दो-तीन टाकी फिल्मों की हीरोइन बन ली थीं, मगर रिटायर हो गईं। अब काम करने की न उम्र है न ज़रूरत। अल्लाह ने बहुत धन-दौलत दी।

1. भारी-भरकम; 2. पुश्तैनी; 3. ग़लती ठीक की; 4. लोकप्रिय।

संदूकचे हीरे-जवाहरात से पटे पड़े हैं। बड़ी मेहनत की कमाई है। बस कफ़न का चोंगा कर लिया।

"अब अल्लाह गुलरू को इसी तरह कामयाब करे !" गुलनार ने सर उठाकर बेटी को देखा जो फिर अंग्रेज़ी का सबक़ याद करने में जुट गई थी। "जाओ, तुम्हारे रियाज़ का वक़्त है," गुलनार ने उससे कहा। "लड़की का दीदा पढ़ाई में बिलकुल नहीं लगता। मगर आजकल के ज़माने में अंग्रेज़ी की थोड़ी-सी, शदीद,[1] बहुत ज़रूरत है।" लड़की फ़ौरन उठी। दरवाज़े की तरफ़ भागने लगी। गुलनार ने फ़ौरन डाँटा, "हिज़ हाइनेस से इजाज़त लो। तसलीम अर्ज़ करो।" इस उम्र में क़दम-क़दम पर तरबियत[2] की ज़रूरत है। वर्ना डेरेदार तवायफ़ों की शाइस्तगी[3] और तहज़ीब[4] के महज़ अफ़साने ही बाक़ी रह जाएँगे।

गुलरू माँ की तरह हसीन नहीं। साँवली रंगत, मामूली नाक-नक़्शा। याद ही नहीं पड़ता, उसका बाप कौन था। शायद कोई मारवाड़ी था। मगर पाक-परवरदिगार ने शक्ल की कसर आवाज़ से पूरी कर दी। माशाअल्लाह, कोयल ! गाने की बाक़ायदा तालीम ले रही है। पाँच-छः साल बाद बंबई की सिनेमा इंडस्ट्री पर आवाज़ के बल ही छा जाएगी। इंशाअल्लाह। जब पैदा हुई, कलकत्ते में दिवालिया जुबिली थियेटर कंपनी के मशहूर नाटक 'गुलरू ज़रीना' को पिस्टनजी ख़रीदना चाहते थे। वह मामला तो न पट सका, गुलनार ने लड़की का नाम गुलरू ज़रीना अलबत्ता रख लिया। अल्लाह मुबारक करे !

महाराजासाहब उठने के लिए कसमसाए। गुलनार ने फ़ौरन उनके चैंबरलेन[5] को बुलाया। माली को ख़ुदा हाफ़िज़ कहा। बाहर निकलकर ख़ुद दूसरी रिक्शा में सवार हुई। दोनों रिक्शाएँ 'सेवाय' की तरफ चलीं।

शाम को हिज़ हाइनेस ने कहा, "डार्लिंग, तुम्हारी तबीयत बहल जाएगी, चलो हैक मेंज़ हो आएँ।" चुनांचे हैक मेंज़ गई। हाल नाचनेवालों से खचाखच भरा हुआ था। वह दोनों पिछले चबूतरे पर जा बैठे। एक नौजवान हिंदुस्तानी जोड़ा डांस करते-करते बाहर निकल आया। गुलनार ने चौंककर उन्हें देखा और कहा, "हमें अल्लाह ने जहाँ पैदा कर दिया वहाँ पैदा हो गए। मगर अब

---

1. बेहद; 2. प्रशिक्षण; 3-4. सभ्यता; 5. कंचुकी।

ये शरीफ़जादियाँ क्या कर रही हैं ?"

चबूतरे पर लोग बैठ रहे थे। "अच्छा, मिस्टर जस्टिस हुसैन भी मसूरी आए हुए हैं !" महाराजासाहब अचानक बोले।

"कौन हैं ?"

"वह ··· जो सामने बैठे हैं। वह सिल्वर ग्रे बालोंवाले।"

गुलनार ने सिर उठाकर उधर नज़र डाली। सैयद रिफ़ाक़त हुसैन ··· ऑनरेबुल मिस्टर जस्टिस हुसैन एक कोने में बैठे अपने दोस्तों से बातें कर रहे थे।

महाराजासाहब बेचारे मारे मुटापे के न रक़्स[1] कर सकते थे न चहलक़दमी। बालरूम में बैठकर रक़्स मुलाहिज़ा करना ही उनके बस की बात थी। "आओ, अंदर चलें !" उन्होंने थोड़ी देर बाद गुलनार से कहा। वह फ़ौरन उठ खड़ी हुई। चोबदार, जो अब तक कोने में मौजूद था, सामने आया। सहारा देकर हिज़ हाइनेस को अंदर ले गया। वह पीछे-पीछे चली। सैयद रिफ़ाक़त हुसैन की मेज़ के पास से गुज़री। वह उसी तरह अहबाब[2] के साथ मसरूफ़े-गुफ़्तगू[3] रहे। उचटती निगाह से भी उसे न देखा।

7. जलती निशानी

लखनऊ, सन 1939। वह चौक में खुनखुनजी की दुकान से निकल रही थी। बरामदे में एक कमर-ख़मीदा बूढ़ा जाता नज़र आया। स्याह ईरानी टोपी। स्याह शेरवानी। शाने पर मशहदी रूमाल। बेहद चौड़े पायँचे का मैला-सा पाजामा। कमानीदार ऐनक।

"मिर्ज़ासाहब ! मिर्ज़ासाहब !" गुलनार ने लपककर ज़ोर से पुकारा।

मिर्ज़ा गुड़गुड़ी ने पेशानी पर हाथ का साया करके आँखें चुँधियाईं। ग़ौर से देखा, "गुलनार बाईसाहिबा ! आप ?"

"तसलीम मिर्ज़ासाहब। मिज़ाज-शरीफ़ ?"

---

1. नृत्य; 2. मित्रों; 3. बातचीत में व्यस्त।

"जैसी रहिए, जीती रहिए। आप यहाँ कहाँ ? आप तो सुना हैं, अब बंबई में रहती हैं।"

"मेरी लड़की उस्ताद मद्दन ख़ाँसाहब से तालीम ले रही है, इसलिए यहाँ आ गई हूँ। सब्ज़ीमंडी में कमरा लिया है। बेनज़ीर के कमरे के बराबर। आपके यहाँ सब ख़ैरियत है ? आपा आपको याद करती हैं। मीर हुक्क़ा कैसे हैं ?"

"वह ग़रीब तो अल्लाह को प्यारे हुए। हमारे जोड़ीदार थे। हम अकेले रह गए। पाँच-छः बरस हो गए उन्हें भी मरे।"

"चच्-चच्-चच् – बड़ा अफ़सोस हुआ। और सुनाइए। शज्जू मियाँ तो अच्छे हैं ?"

"आपने खूब याद रखा। जी हाँ, अल्लाह का करम है। राजासाहब ने अलीगढ़ से एफ़.ए. पास कर लिया। ब्याह हो गया। अब माशाअल्लाह से तीन बच्चों के बाप हैं। अपने इलाक़े पर रहते हैं, हरदोई में। बड़ी बिटिया, उनकी वालिदा भी ··· तशरीफ़ रखती हैं। हमारे हाँ ··· क्लाइड रोड पर भी सब ख़ैरियत है। मियाँ जजसाहब के यहाँ खुदा का दिया एक ही लड़का है। मियाँ को बड़ी फ़िक्र थी कि भैया लखनऊ में रहें तो कहीं बुरी सुहबत में न पड़ जाएँ। ग्यारह साल के थे, जब मियाँ ने उन्हें विलायत ले जाकर बोर्डिंग स्कूल में डाल दिया। दुल्हन बेगम बहुत रोईं-पीटीं, मगर मियाँ किसकी सुनते हैं ! अब हर दूसरे साल जाकर भैया से मिल आते हैं। भैया खुद छुट्टियों में विलायत से तशरीफ़ ले आते हैं। आजकल भी आए हुए हैं। अब ख़ुदा के फ़ज़ल से अठारहवें साल में हैं। कुनबे में निस्बत[1] ठहर गई है। बल्कि कल ही उसकी तक़रीब[2] है। हम इस सिलसिले में यहाँ कुछ ख़रीदारी के लिए आए थे।"

फिर मिर्ज़ा गुड़गुड़ी गुलनार को खुदा हाफ़िज़ कहकर उसी तरह झुके-झुके एक दुकान की तरफ़ बढ़ गए।

जज रिफ़ाक़त हुसैन के ख़लफ़ुर्रशीद[3] सैयद शफ़ाअत हुसैन उर्फ़ शफ़्फ़ू (जो विनचेस्टर पब्लिक स्कूल में शिफ़ कहलाते थे) इंग्लैंड से जब भी दो माह के लिए लखनऊ आते तो यहाँ के माहौल की हर चीज़ को हैरत से देखते। बड़े होकर उनके तहय्युरो-इस्तेजाब[4] में इज़ाफ़ा होता जा रहा था। इसी वजह से

---

1. संबंध; 2. समारोह; 3. सुपत्र; 4. आश्चर्य।

उनके 'लाटसाहब चाचा' उन पर बहुत नाज़ाँ[1] थे और कफ़े-अफ़सोस मलते थे[2] कि उनके अपने बेटे बब्बूजी ला मार्टिनियर कालेज की तालीम के बावजूद उजड्ड निकल गए। जनाबे-आली, हमने तो चाहा था कि उसे आदमी बनाते। तहज़ीब सिखाते। शफ़्फ़ू मियाँ को देखिए ··· बातचीत, चाल-ढाल, तौर-तरीक़े से बिलकुल अंग्रेज़ मालूम होते हैं। मगर हमारे बब्बू रहे वही नेटिव के नेटिव। (लाटसाहब के साहबज़ादे बब्बूजी, यानी बृजबिहारीलाल माथुर डिप्टी कलेक्टर इज़्ला[3] में बीवी-बच्चों के साथ घासड़-पासड़ ज़िंदगी गुज़ारते थे। जाड़ों में लड़कपन के साथी राजा शुजाअत हुसैन के साथ तराई के जंगलों में शिकार खेलते थे और अपने चाल में मगन थे।)

मँगनी की तक़रीब के चंद रोज़ के बाद शफ़्फ़ू भैया बंबई जाकर स्ट्रीथ मूर जहाज़ से इंग्लिस्तान रवाना होनेवाले थे। माह जून की एक तपती शाम क्लाइड रोड की कोठी के पिछले चबूतरे पर अपने अहम चंद रिश्तेदारों के साथ बैठे थे। गर्मी से बुरा हाल था और रिश्तेदारान उनको लखनऊ के अजाइबो-ग़राइब से[4] रूशनास[5] कराने पर तुले हुए थे।

"चौक में" ··· शफ़्फ़ू के खालाज़ाद भाई अज्जू ने कहा, "आजकल बहार आई हुई है। अगले वक़्तों की एक्ट्रेस है गुलनारबाई। उसकी लड़की है जनाब ··· गुलरू बानो ··· क्या गाती है! बस क़यामत है। चलते हो ? उसका गाना सुनवा लाएँ।"

"जी हाँ ! और डैडी को पता चल गया तो हमें उलटा लटकाकर पहले हमारी खाल खिंचवाएँगे, फिर उसमें भूसा भर देंगे।" शफ़्फ़ू ने जवाब दिया।

"यार अजब बुज़दिल हो। यानी इनको देखिए। इंग्लिस्तान में रहते हैं सात-आठ बरस से, और जने कब तलक रहेंगे। रोम और पेरिस में घूम आए। यहाँ चुपके से चौक तलक नहीं जा सकते। अमाँ, तुम्हारे इंग्लिस्तान पर तीन हर्फ़[6]। वहाँ मर्द आदमियों को यही बुज़दिली सिखलाई जाती है ?"

---

1. गर्वित; 2. अफ़सोस करते थे; 3. ज़िलों; 4. अजीब-ग़रीब बातों से; 5. परिचित; 6. तीन बार लानत।

"अटारी पर गिरा कबूतर आधी रात।" गुलरू ने दादरा शुरू किया। गुलनारबाई ठस्से से मसनद पर बैठी थीं। सामने पानदान रखा था। गुलज़ारबाई गावतकिये से लगी पोपले मुँह में मुरमुरे चबा रही थीं। कमरा ख़ूब हवादार था और छत का बर्क़ी[1] पंखा पूरी रफ़्तार से चल रहा था। मगर गर्मी के मारे शफ़ाअत हुसैन की हालत तबाह थी। वह कुछ देर तक दादरे के बोल सुनता रहा फिर चुपके से अज्जू से पूछा, "कबूतर गिरा आधी रात ··· क्या मतलब ?"

"पीज़न फेल ऐट मिड-नाइट।" अज्जू ने समझाया।

"हाउ सिली !" उसने ज़ेरे-लब कहा और उकताकर इधर-उधर देखने लगा। याद आया। तहज़ीब का तक़ाज़ा है, जब कोई गा रहा हो बेध्यानी या उकसाहट हरगिज़ ज़ाहिर न करो। मुग़न्निया[2] की तरफ़ मुतवज्जह हुआ। अब अज्जू ने ग़ज़ल की फ़रमाइश की। गुलरू जब इस मिसरे पर पहुँची–

"अपनी गली में दफ़्न न कर मुझको बादे-क़त्ल"

अज्जू ने खुद ही चुपके से शफ़्फ़ू के कान में तर्जुमा किया, "डू नाट बरी मी इन योर लेन आफ़्टर मर्डरिंग मी।"

"गुडनेस ग्रेशस," शिफ़ बड़बड़ाया। वह खुसुर-फुसुर आदाबे-महफ़िल के बिलकुल ख़िलाफ़ थी। गुलनारबाई ने घूरकर देखा। शिफ़ देखकर बाहर ताकने लगा। निजी महफ़िल थी और इन दोनों लड़कों के अलावा कमरे पर कोई और मौजूद न था।

गुलरू रीं-रीं करती रही। शिफ़ ने चारों तरफ़ नज़र दौड़ाई। पुराना-धुराना फ़र्नीचर, छत में जाले। बाहर शिकस्ता-सी[3] बालकनी। चौक के इन्हीं बालाख़ानों[4] के इतने अफ़साने हैं ! पेरिस का पगाल, लंदन का सोहो और अपने लखनऊ का गंदा-संदा बोसीदा[5] चौक। उसने उदासी से साज़िंदों पर नज़र डाली। बौना सारंगीनवाज़, कछुवेनुमा तबलची, एक मिनहनी[6] मुख़न्नस[7] -सा आदमी हारमोनियम बजा रहा था। अज्जू ने बताया था कि गुलरू का मामूँ है।

ग़ज़ल के बाद ठुमरी–

अरे पी को मिलन कैसे जाऊँ ···

---

1. बिजली का; 2. गायिका; 3. टूटी-फूटी; 4. ऊपरी कमरों; 5. सड़ा-गला; 6. सींकिया; 7. हिंजड़ा।

हमारे मआशरे[1] में इतनी अफ़सुर्दगी,[2] इतना रोना-पीटना क्यों है। शिफ़ सोचता रहा। ... पइयाँ पड़त हूँ, बिनती करत हूँ ... हिंदुस्तानी औरत गाती है तब भी बिसूरती है। ग़ज़लें हैं तो उनमें नाल-ओ-फ़रियाद, आहो-बुक़ा ख़ूने-दिल, दर्दे-जिगर, लाशें, क़त्ल, ख़ून, कफ़न-दफ़न, मज़ार, क़फ़स,[3] सैयाद,[4] जुनून, दीवानगी, वहशत, सेहरा ... । बेचारे लाटसाहब चाचा ठीक ही तो कहते हैं। हमारे हाँ अह्ले-यूरोप जैसी बशाशत,[5] चूँचाली, सेहतमंदी[6], जोशे-हयात,[7] वलवला[8] सिरे से मौजूद नहीं। गुलरू शिफ़ की हमउम्र थी, मगर रोनी सूरत ... माँ के चेहरे पर बेपनाह हुज़्न,[9] साज़िंदे सब मुसीबत के मारे। नानी अलबत्ता इस बुढ़ापे में हश्शाश-बश्शाश, हट्ठी-कट्ठी बैठी मुरमुरे के फंके लगा रही थीं। उसे नानी बहुत दिलचस्प लगीं। कोने में बैठी चील की नज़रों से उसका जायज़ा लेने में मसरूफ़ थीं।

शिफ़ अब बेतरह उकता गया था। खुदा-खुदा करके गाना ख़त्म हुआ। दोनों नौजवान उठे। अज्जू ने गुलनारबाई से पूछा, "बाईसाहब, चंद साल हुए एक फ़िल्म आई थी 'जलती निशानी'। सुना है, उसमें आपने भी काम किया था !"

"हाँ बेटा !" गुलनार ने वक़ार[10] के साथ जवाब दिया। "एक छोटा-सा रोल किया था। सिनेमा से तो मैं रिटायर हो चुकी हूँ।"

दरवाज़े के क़रीब रखे बूट पहनने के बाद शिफ़ ने ख़ालिस इंग्लिश पब्लिक स्कूल ब्यॉय स्टाइल में एक ख़फ़ीफ़[11] से झटके से सिर ख़म करके गुलनारबाई, गुलरू और गुलज़ार से मुसाफ़हा किया।[12] साज़िंदों का शुक्रिया अदा किया और सबको गुड नाइट और गुड बाई कहकर दरवाज़े की तरफ़ बढ़ा। अज्जू ने गुलनारबाई के ख़ासदान में कुछ रक़म रखना चाही। उन्होंने बड़ी आजुर्दगी[13] से कहा, "मियाँ तुम्हारे घराने से हमारी पुरानी यादे-अल्लाह है; हमें काँटों में न घसीटो।"

तंगो-तारीक ज़ीना उतरते हुए शिफ़ ने अपने कज़िन से दरियाफ़्त किया, "अज्जू, ये बेचारी लड़की जो गा रही थी, इसने नाक में इतनी बड़ी रिंग क्यों

---

1. समाज; 2. उदासी; 3. पिंजड़ा; 4. शिकारी; 5. प्रफुल्लता; 6. चुस्ती; 7. जीवन का उत्साह; 8. उमंग; 9. दुख; 10. गर्व; 11. हलका; 12. हाथ मिलाया; 13. उकताहट।

पहन रखी थी ? इस रिंग समेत इसने गाना तो गा लिया, मगर खाना कैसे खाती होगी ?"

"यार," अज्जू ने जवाब दिया, "अब तुम सीधे अपने विनचेस्टर वापस जाओ।"

नौजवानों के नीचे उतरते ही गुलनार और गुलरू बाम पर गईं और जँगले से झुककर नीचे देखने लगीं। वो दोनों मोटर में सवार हुए। मोटर गली से निकली और नुक्कड़ पर जाकर गायब हो गई। गुलनार ने आहिस्ता से कहा, "बिलकुल बाप का हमशक्ल है और वही मिज़ाज।"

गुलरू ने चौंककर माँ को देखा।

8. गिर्दबाद[1]

लखनऊ, 1967 ई.। माह जून। सुबह ग्यारह बजे का वक़्त। बूढ़े फूँस जस्टिस रिफ़ाक़त हुसैन साहब और उनके साहबज़ादे सैयद शफ़ाअत हुसैन क्लाइड रोड पर अपनी कोठी के बैरूनी[2] बरामदे में चुपचाप बैठे सामने तक रहे थे जहाँ वीरान बाग़ में ईंटों से लदे ट्रक खड़े थे। सीमेंट की बोरियों की गर्द उड़ रही थी और राज मज़दूरों का शोर मच रहा था ··· दूर धूप में चमकती सुनसान क्लाइड रोड पर से इक्का-दुक्का साइकिल-रिक्शा या कार निकल जाती थी। फिर एक बगूला तेज़ी से घूमता सड़क पर से गुज़रा।

ज़र्द पत्ते गर्द के उस रक़्साँ[3] भँवर में चक्कर काटते जा रहे थे। सैयद शफ़ाअत हुसैन ने आरामकुर्सी पर बैठे-बैठे गर्दन बढ़ाकर देखना चाहा कि बगूला कितनी दूर जाकर कहाँ खो जाता है ? लेकिन पल की पल में वह ग़ायब हो गया।

शफ़्फ़ू मियाँ दोबारा अपनी सियासी तक़दीर के मसौदे की तरफ़ मुतवज्जह हुए, जो वह तीसरे पहर को अपनी पार्टी के माहाना जलसे में पढ़नेवाले थे। ऐ लीजिए, कमबख़्त बालप्वाइंट का रिफ़िल ही ख़त्म हो गया। झुँझलाकर

---

1. बगूला; 2. बाहरी; 3. नाचते हुए।

क़लम बाहर फेंक दिया, फिर उजाड़ बाग़ीचे को तकने लगे जहाँ नई-नई सुर्ख़ ईंटों के ढेर लगे थे।

उनके वालिद जजसाहब ने आप ही आप एक हुँकारा भरा और *नेशनल हेराल्ड* उठाकर अपनी आँखों के बेहद क़रीब ले गए।

"डैडी, फिर पढ़ने लगे ! कितनी बार आपको मना किया कि आँखों पर ज़ोर न डालिए।"

"शट-अप !" डैडी ने डाँट बताई और लरज़ाँ[1] हाथों से अख़बार के वरक़ खड़खड़ाए। जजसाहब हमेशा से गुस्सैले थे। पीराना-साली[2] ने और ज्यादा कटखना कर दिया था। साहबज़ादे भी तुंदमिज़ाज[3] थे। अकसर दोनों बाप-बेटों में बात-बात में झौड़ हुआ करती।

सैयद शफ़ाअत हुसैन उर्फ़ शफ़्फ़ू (जिनको बाप अब कभी-कभी प्यार से शिफ़ पुकारते थे) उन लोगों में थे, जिन्हें अमरीकन इस्तलाह[4] में नान-एचीवर कहा जाता है। उनकी ज़िंदगी का आग़ाज़[5] बहुत शानदार था। आगे चलकर टाँय-टाँय फ़िश। बाप ने ग्यारह बरस की उम्र में इंग्लैंड पढ़ने के लिए भेजा था। सन 39 ई. के मौसमे-गर्मा में जब लखनऊ आकर वापस गए उसके एक महीने के अंदर जंग छिड़ गई। जजसाहब ने घबराकर ब-राहे-आयरलैंड घर वापस बुला लिया। यहाँ पहुँचकर शिफ़ झल्लाए-झल्लाए रहे। इस मुल्क और इस शहर की हर चीज़ दक़ियानूसी ! फरसूदा ![6] फटीचर ! यूनिवर्सिटी में दाख़िल किए गए। बाक़ी वक़्त मुहम्मद बाग़ क्लब में अंग्रेज़ों के साथ खेलने में गुज़ारते। मँगनी हो चुकी थी। माँ ने इस ख़याल से कि बेटे का दिल लग जाए, बीस बरस की उम्र में ही शादी रचा दी। लेकिन दूल्हा इंग्लिश पब्लिक स्कूल ब्वॉय, दुल्हन मिट्टी का माधो, मोम की मरियम। अल्लाह का जी। शिफ़ का दिल उनसे क्या लगता ? इधर-उधर दो-तीन इश्क़ किए, वो भी नाकाम। इस मुल्क की लड़कियाँ तमाम झेंपू, कम-हिम्मत, कूढ़-मग़ज़।

जिस बेदिली से शादी की थी उसी बेदिली से बी.ए., एलएल.बी. कर डाला। वकालत शुरू की, वह चली नहीं। दरअस्ल तहसीले-मआश की[7] ज़रूरत

1. काँपते हुए; 2. बुढ़ापा; 3. गर्म मिज़ाज; 4. शब्दावली; 5. आरंभ; 6. सड़ी-गली; 7. जीविका कमाने की।

ही नहीं थी। बाप बड़े आदमी। दौलत वाफ़र।[1] शिफ़ इस इंतज़ार में क्लबों और पहाड़ों पर वक़्त गुज़ारते रहे कि इंग्लिस्तान के हालात ज़रा बेहतर हों तो वापस चले जाएँ। मगर बाद-अज़-जंग इंग्लिस्तान ने उठाकर हिंदुस्तान को आज़ाद कर दिया। बाप रिटायर हो चुके थे। ताल्लुक़ा ज़ब्त हुआ। आमदनी घटना शुरू हुई। शिफ़ अब पॉलिटिक्स की तरफ़ मुतवज्जह हुए। सूबाई एलेक्शन लड़ा। बाक़ी माँदा[2] रुपया उसमें फूँक दिया। एलेक्शन हार गए।-यानी एक तो नुक़साने-माया, दूसरे शमातते-हमसाया।[3] बाप और दोस्तों ने बहुतेरे समझाया था, "मियाँ, सियासत तुम्हारे बस का रोग नहीं।" मगर बाप ही की तरह ज़िद्दी। कहाँ मानते ? अब खुद अपनी पार्टी बनाई; उसमें लग गए। गर्दिशे-ज़माना ने सारी साहबियत निकाल दी थी। शेरवानी पहने, ताँगे पर सवार जगह-जगह तक़रीरें करते फिरते थे। आमदनी जिस रफ़्तार से कम हुई उसी तेज़ी से बच्चों की तादाद में इज़ाफ़ा। बीवी इतनी ज़रखेज़,[4] औलाद की शौक़ीन, कि आठ नौनिहाल पैदा करके रिटायर हुई। गिरानी[5] बढ़ती जा रही थी। बच्चों की आला-तालीम[6] के अख़राजात;[7] दाइमुल-मरीज़[8] वालिदैन[9] का महँगा इलाज। ज़ाहिरी टीप-टाप बनाए रखने की फ़िक्र। मजबूरन कोठी का आधा हिस्सा किराये पर उठाना पड़ा। बक़िया पाँच कमरों में मय ख़ानदान मुंतक़िल[10] हुए। फिर तोतेवाला बँगला फ़रोख़्त किया।

जिस रोज़ तोतेवाला बँगला बिका है, मिर्ज़ा गुड़गुड़ी ने मैले रूमाल से आँसू पोंछते हुए बैनामा ख़ामोशी से लाकर उनकी मेज़ पर रखा। एक परचे पर इतना लिखकर छोड़ गए, बे-टे-ते-रे-तो-ते-बे-चे। यह मिर्ज़ा गुड़गुड़ी के साथ उनके बचपन का एक लतीफ़ा था।

जब कोठी का शुमाली क़िता[11] फ़रोख़्त किया गया, मिर्ज़ा गुड़गुड़ी पैवंदे-ख़ाक हो चुके थे।[12] कोठी की निस्फ़[13] अहाता ख़रीदकर उसके नये मालिक ने 'मल्टी-स्टोरी एपार्टमेंट ब्लाक' बनवाना शुरू कर दिया। पिछले दो-तीन महीने से कंपाउंड में दिन-भर हंगामा रहता। ईंटों के ट्रक। राज मज़दूरों का

---

1. ढेर सारी; 2. बचा-खुचा; 3. (मुहावरा) एक तो दौलत का नुकसान दूसरे उस पर पड़ौसी का हँसना; 4. उपजाऊ; 5. महँगाई; 6. उच्च शिक्षा; 7. ख़र्चे; 8. स्थायी रोगग्रस्त; 9. माता-पिता; 10. स्थानांतरित; 11. उत्तरी भाग; 12. मिट्टी में मिल चुके थे; 13. आधा।

गुल। अजनबी चेहरों का हुजूम। बैरूनी बरामदे के आधे हिस्से के अलावा बैठने के लिए अब और कोई जगह बाकी न रहीं थी। ब-हालते-मजबूरी दोनों बाप-बेटे वहीं कुर्सियाँ डाले बैठे रहते थे।

बहुत दिनों तक जीते रहने की एक सज़ा यह है कि बेशतर दोस्त-अहबाब और रिश्तेदार पहले मरकर तनहा छोड़ जाते हैं। जजसाहब के सुख-दुख के साथी लाटसाहब को स्वर्गवासी हुए दस बरस होने आए। वफ़ादार जाँ-निसार साबिक़[1] मैनेजर लाला दुर्गादास रस्तोगी को बैकुंठ सिधारे पंद्रह साल हो गए। बाजी बेगम की वफ़ात[2] को मुद्दतें गुज़र गईं। मीर हुक्का, मिर्ज़ा गुड़गुड़ी दास्ताने-पारीना में शामिल हो चुके। और बहुत-से इसी तरह एक-एक करके चल बसे। खुद अगर दो साल के और हो लिए तो अस्सी के हो जाएँगे। इतनी तवील उम्र अज़ाब[3] है। खुसूसन[4] जब दिमाग़ उसी तरह हस्बे-साबिक़[5] काम कर रहा हो। जजसाहब रिफ़ाक़त हुसैन अपनी आँखों के तारे शिफ़ की मायूस बेरंग ज़िंदगी और सबसे बड़े पोते मज्जू की नालायक़ी देख-देखकर बैठे कुढ़ा करते और ज़्यादा झुँझलाते। सैयद शफ़ाअत हुसैन साहब के बड़े साहबज़ादे पहिलौठी की औलाद मज्जू मियाँ की उम्र अब माशाअल्लाह से पचीस बरस की थी। तालीम से बेनियाज़,[6] सिनेमा के शौक़ीन, घिस-घिसकर थर्ड डिवीज़न में बी.ए. किया; डंडे बजाते फिरे। आँजहानी[7] लाला दुर्गादास रस्तोगी के नमकहलाल बेटे घनश्यामदास रस्तोगी उर्फ़ लल्लूजी ने ज़िला बरेली में फैक्टरी क़ायम की है। अल्लाह उनका भला करे, बेचारे आड़े वक़्त में काम आए। पुरानी वफ़ादारी निभाई। मज्जू मियाँ को बरेली बुलाकर अपने कारख़ाने में टेक्नीकल ट्रेनिंग दिलवा रहे हैं। वहीं मुलाज़मत भी देंगे।

मज्जू के बाद दूसरे नंबर पर हैं हमीदा। वह तेईस बरस की हो चुकीं। ब्याह का कोई बंदोबस्त नहीं। ख़ैर, अभी कालेज में पढ़ रही हैं। शज्जू मियाँ कब के हरदोई से पाकिस्तान जाकर नाज़िमाबाद, कराची में रच-बस गए। उन्होंने अपने एक लड़के का, जो लाहौर में आला अफ़सर है, हमीदा के लिए पैग़ाम भेजा था। मगर बेचारे जजसाहब पोती पर आशिक़; उसकी सूरत देखकर जीते हैं। उसे इतनी दूर, मुल्क के बाहर भेजना गवारा न किया। अब तो ख़ैर

---

1. भूतपूर्व; 2. मृत्यु; 3. मुसीबत; 4. विशेषकर; 5. पहले की तरह; 6. उदासीन; 7. स्वर्गीय

सन 65 की लड़ाई के बाद वहाँ आने-जाने का सवाल ही पैदा नहीं होता। हमीदा शक्ल-सूरत में बाप और दादा पर गई है और बेहद तेज़-तर्रार, खुदसर,[1] खुदराय[2]। लेकिन पढ़ने-लिखने में वह भी फिसड्डी। सिनेमा और सैर-सपाटे की शौक़ीन। इन दिनों कालेज की लड़कियों के साथ कश्मीर गई हुई है।

सैयद शफ़ाअत हुसैन ने घड़ी देखी। लंच का वक़्त क़रीब था। कुर्सी से उठे। इतने में सीमेंट की बोरियों से लदा एक ट्रक ऐन बरामदे के पास आकर रुका। गर्दो-गुबार का बादल बाप-बेटों को सफ़ेद कर गया। जजसाहब ने बड़बड़ाकर अख़बार से अपना सर छिपा लिया।

"डैडी, अब अंदर चलिए।"

"देखिए ··· यह देख लीजिए !" जजसाहब अख़बार बेटे के सामने करके बर-अफ़रोख़्तगी से बोले। "आप क़ौम की हालत सुधारने की ग़रज़ से तक़रीर लिख रहे हैं ? क़ौम तबाह हो रही है। इसे आपकी तक़रीरों की परवाह नहीं ··· मुलाहिज़ा कीजिए। यह आपके अहबाब[3] डोम-धाड़ियों के साथ फ़ख़्र के साथ दाँत निकोसे खड़े हैं। अस्तग़फ़रुल्लाह ![4]"

शिफ़ ने अख़बार में छपी तसवीर पर नज़र डाली। शहर के एक असराने[5] में बंबई से आए हुए तीन नामवर फ़िल्म-स्टार चंद सूबाई वुज़रा[6] के साथ खड़े मुस्कुरा रहे थे।

"डैड ··· यहाँ बहुत धूल उड़ रही है। अंदर चलकर आराम कीजिए," शफ़ाअत हुसैन ने नर्मी से कहा।

"चले जाएँगे," जजसाहब ने झल्लाकर जवाब दिया। "अब आराम ही आराम है। खुदा करे, जल्द क़ब्रिस्तान पहुँचकर अपनी गोर[7] में आराम करें।"

शफ़ाअत हुसैन ने फ़िक्र से बाप को देखा। चिराग़े-सेहरी[8] हैं। जाने कब तक उनका साया सर पर रहता है ! सहारा देकर उन्हें आरामकुर्सी से उठाया।

अचानक जजसाहब ने पूछा, "हमीदा की ख़ैरियत का ख़त आ गया ?"

"जी हाँ डैडी, कल ही तो आया था। आपको सुना दिया था।"

---

1. घमंडी; 2. मन-मर्जी की करनेवाली; 3. मित्र; 4. अल्लाह बचाए; 5. चाय-पार्टी; 6. मंत्रिगण; 7. क़ब्र; 8. सुबह का चिराग़।

"हूँ। कब तक वापस आएगी ?"

"कालेज की टीम साथ गई है। कश्मीर जैसा मक़ाम। एक महीना तो लग ही जाएगा।"

जजसाहब ने मुर्तअश[1] हाथों से बेटे का बाज़ू थामा, "हमीदा को वापस बुला लो। उसे ख़त लिखो कि जल्द वापस आ जाए।"

"बहुत अच्छा डैडी।"

शफ़ाअत हुसैन एहतियात[2] से चलाते उनकी ख़्वाबगाह में ले गए। तख़्त पर बेगम रिफ़ाक़त हुसैन मलमल के हलके गुलाबी दुपट्टे से मुँह लपेटे बेख़बर सो रही थीं। बेटे ने जजसाहब को एहतियात से मसहरी पर लिटाया। दरवाज़े और खिड़कियों के पुराने बदरंग पर्दे बराबर किए और बाहर आए। बीवी हस्बे-मामूल[3] बावर्चीख़ाने में मसरूफ़ थीं। छोटे बच्चे सब स्कूल गए थे। कोठी पर बड़ा वहशतनाक सन्नाटा तारी[4] था।

शफ़ाअत हुसैन अपने कमरे में गए। राइटिंग टेबुल के सामने बैठे। दूसरा क़लम तलाश किया। दराज़ में से दबीज़[5] नीले काग़ज़ का राइटिंग पैड निकाला जिसकी पेशानी पर मरहूम ताल्लुक़े का तुग़रा[6] सब्त[7] था। इस आख़िरी पैड में अब थोड़े-से काग़ज़ बाक़ी रह गए थे। टूरिस्ट होटल, गुलमर्ग के पते पर बेटी को अंग्रेज़ी में ख़त लिखना शुरू किया, "मेरी प्यारी बेटी हमीदा, मैं उम्मीद करता हूँ कि तुम अपनी छुट्टियों से लुत्फ़अंदोज़ हो रही होगी। लेकिन बेटी, तुम्हारे ग्रैंडपा तुम्हें बहुत याद कर रहे हैं। जल्द-अज़-जल्द वापस आ जाओ।"

9. दिलरुबा

उर्दू के मक़बूल[8] और कसीरुल-इशाअत[9] फ़िल्मी माहनामे[10] *फ़ानूस* के 'सैयाह' की डायरी से एक इक़्तबास[11] :

---

1. काँपते हुए; 2. सावधानी; 3. हमेशा की तरह; 4. छाया हुआ; 5. भारी; 6. मोनोग्राम; 7. अंकित; 8. लोकप्रिय; 9. भारी संख्या में छपनेवाले; 10. मासिक पत्रिका; 11. उद्धरण।

"फ़िल्मिस्तान से निकलकर सैयाह[1] अपनी कार में बैठा। बहुत देर हो गई थी, लेकिन सैयाह ने तहैया[2] कर लिया था कि आज दिलरुबा का इंटरव्यू ज़रूर हासिल करेगा। चुनांचे अपनी कार में गुलनार बानो की आलीशान कोठी गुलिस्ताँ पर पहुँचा। गुलिस्ताँ पर इन दिनों बहार आई हुई थी। गुलाब के फूलों से पुर बाग़ लहलहा रहा था। रविशों पर कुत्ते खेलते फिर रहे थे। अंदर बरसाती में अंपाला और मर्सिडीज़ गाड़ियाँ खड़ी थीं। फाटक पर ही गोरखे ने सैयाह को बताया कि मेमसाहब अभी शूटिंग से वापस नहीं आई हैं। लिहाजा वहाँ से गुलनार स्टूडियोज़ का रुख़ किया।

"*फ़ानूस* के पतंगों को सबसे पहले सैयाह ही ने यह इत्तिला दी थी कि गुलरू पिक्चर्ज़ की ताज़ा फ़िल्म में नई दरियाफ़्त[3] दिलरुबा काम कर रही है। जब सैयाह स्टूडियोज़ के गेट के अंदर पहुँचा तो बड़ी गहमागहमी नज़र आई। फ़्लोर थर्ड पर शूटिंग चल रही थी। सैयाह ने अपना कार्ड मैडम गुलनार को भेजा। उन्होंने फ़ौरन अंदर बुलवाया। वह अपने ख़ूबसूरत एयरकंडीशंड दफ़्तर में बैठी अपने छोटे भाई कत्थक-उस्ताद मुन्नूसाहब से बातें कर रही थीं। वसीओ-अरीज़[4] बिल्लौरी मेज़ के पीछे दीवार पर उनकी वालिदा बाई गुलनारबाई मरहूमा का बड़ा पोर्ट्रेट आवेज़ाँ[5] था। गुलनार बानो कुछ बदली-बदली-सी नज़र आईं। पिछली मर्तबा जब उनको देखा था, उनके बाल बर्फ़ की तरह सफ़ेद थे। आज नीले। सैयाह का इस्तेजाब[6] देखकर मादाम हँस पड़ीं और बताया कि चंद माह क़ब्ल[7] अपने मँझले नवासे से मिलने अमरीका गई थीं; वहाँ अपनी अमरीकन बहू के इसरार पर बाल नीलगूँ करवा लिए। गुलनार बानो ने सैयाह को बताया कि मग़रिब में 'गोल्डन एज' वाली ख़वातीन अकसर अपने बाल नीले या कासनी रँगवा लेती हैं और बहुत एलिजेंट मालूम होती हैं।

"गुलनार बानो की गुफ़्तगू हमेशा दिलचस्प होती है। कहने लगीं, इस दफ़ा लंदन में मार्लिन डेट्रिख़ का नाइट क्लब शो देखकर मैंने सोचा, ऐ-है, ये बड़ी बी इस सिन[8] में यूँ जलवे दिखा रही हैं। मैंने तो सयानी लोमड़ी की तरह फ़क़त बाल ही नीले रँगवाए!

---

1. सैलानी; 2. निश्चय; 3. खोज; 4. लंबे-चौड़े; 5. सुसज्जित; 6. आश्चर्य; 7. पहले; 8. उम्र।

"सैयाह ने यह सुनकर क़हक़हा लगाया। मादाम ने मज़ीद[1] बताया कि वह हर साल यूरप या अमरीका जाकर कुछ अरसा किसी हेल्थ फ़ार्म पर गुज़ारती हैं। इसी वजह से उनकी सेहत क़ाबिले-रश्क है। इस वक़्त भी सुरमई रंग का अमरीकन ट्राउज़र सूट पहने ख़फ़ीफ़[2] से अमरीकन लहजे में अंग्रेज़ी बोलती मादाम गुलनार एक शानदार शख़्सियत मालूम हो रही थीं। सैयाह जिस ग़रज़ से आया था उसे फ़रामोश[3] करके उनसे बातें करने में महव[4] रहा। तब ख़ुद गुलनार बानो ने कहा, आप बेबी से मिलना चाहते हैं। आइए, उसके ड्रेसिंगरूम में चलें।

"ड्रेसिंग म में नई हीरोइन से मुलाक़ात हुई। गुलनार बानो ने तआरुफ़[5] कराते हुए सैयाह को बताया कि यह फ़िल्मी नाम भी उन्होंने ही रखा है।

"दरअस्ल दिलरुबा, मैडम गुलनार ही की दरियाफ़्त है। इसी साल माह जून में मैडम और उनकी बेटी गुलरू बानो अपनी कंपनी की एक फ़िल्म की आउटडोर्स के लिए गुलमर्ग गई थीं। यह लड़की अपने कालेज के ग्रुप के साथ वहाँ आई हुई थी। एक रोज़ शूटिंग देखने आई। गुलनार से मुलाक़ात हुई। उन्होंने उसे फ़िल्म में काम करने की दावत दी, जो उसने फ़ौरन क़ुबूल कर ली।

" 'मुझे तो अब भी यक़ीन नहीं आता कि मैं इतनी आसानी से एक बड़े बैनर की पिक्चर में ले ली गई !' दिलरुबा ने सैयाह से कहा।

"गुलनार बानो ने सैयाह को बताया कि वह निस्फ़[6] सदी, बल्कि इससे भी ज्यादा से शो बिज़नेस में हैं। पहले थियेटर, फिर ख़ामोश बाइस्कोप, फिर टाकी; अब कलर सिनेमास्कोप। और पिछले पंद्रह साल से ख़ुद फ़िल्म प्रोड्यूस कर रही हैं। लेकिन दिलरुबा जैसी बा-सलाहियत अदाकारा[7] उन्होंने अब तक नहीं देखी थी।

"दिलरुबा ने शरमाकर कहा, 'ममी, यह तो आपकी ज़र्रानवाज़ी है।'

"इतनी देर में मैडम गुलरू भी कमरे में आ गईं। उनके तीनों लड़कों ने अमरीका में तालीम हासिल की है। सबसे बड़ा बेटा हॉलीवुड में फ़िल्म डाइरेक्शन सीख आया है। दिलरुबा की पिक्चर वही डाइरेक्ट कर रहा है।

---

1. आगे; 2. हल्के; 3. विस्मृत; 4. तल्लीन; 5. परिचय; 6. आधी; 7. योग्य अभिनेत्री।

"दिलरुबा ने इंटरव्यू के दौरान सैयाह को बताया कि वह शुमाली हिंद[1] के एक मुअज़्ज़िज़[2] और बे-इंतहा क़दामतपरस्त[3] घराने से ताल्लुक़ रखती है। बल्कि इस अचानक इत्तला पर कि उसने कश्मीर से बंबई जाकर फ़िल्म लाइन इख़्तियार कर ली, दिलरुबा के दादा पर फ़ालिज का असर हो गया और वालिद को दो बार हार्टअटैक हो चुके हैं।

" 'मैं उनको देखने घर जाना चाहती थी लेकिन उन्होंने आने की इजाज़त नहीं दी। मुझसे क़ता-ताल्लुक़[4] कर लिया है। ग्रैंडफादर और डैडी की अलालत[5] का मुझे बहुत अफ़सोस है। मगर मैं आर्ट की ख़िदमत करना चाहती हूँ और आर्ट की ख़ातिर बड़ी-से-बड़ी कुरबानी देने को तैयार हूँ।' इतने में असिस्टेंट डाइरेक्टर ने आकर कहा कि शाट तैयार है, और दिलरुबा सैयाह को ख़ुदा हाफ़िज़ कहकर बाहर चली गई।

"गुलनार बानो बातों की मूड में थीं। बताया कि दिलरुबा उनके साथ 'गुलिस्ताँ' में ही रहती है। मैं और गुलरू उसे अपनी औलाद की तरह रखते हैं। आप तो जानते हैं, मेरी बेटी गुलरू के हाँ तीन लड़के ही लड़के पैदा हुए। मेरी वालिदा मरहूमा अपनी पर-नवासी का जश्ने-वलादत[6] धूमधाम से मनाने का अरमान दिल में लिए-लिए दुनिया से रुख़सत हो गईं। मगर ख़ुदा का शुक्र है कि उसने गुलरू को एक बनी-बनाई बेटी और मुझे नवासी[7] अता की और उस कारसाज़े हक़ीक़ी[8] की कुदरत के कुरबान जाऊँ जिसने एक बहुत तवील[9] मुद्दत के बाद मेरे कलेजे में ठंडक डाली।"

●●●

---

1. उत्तर भारत; 2. सम्मानित; 3. पुरातनपंथी; 4. संबंध-विच्छेद; 5. बीमारी; 6. जन्म का जश्न; 7. नतिनी; 8. वास्तविक कर्त्ता (ईश्वर) 9. लंबी।